你不必非要活成玫瑰

張其姝——著

不勉強的生活美學，
讓你活得理性、通透和灑脫的
33個故事

前言　小半生

時間是有限額的。

十八、九歲的時候，永遠覺得來日方長，沒有寫完的作業、沒有喝到的奶茶，甚至是沒有愛到的人，都好像還有機會，因為明天就在路上，最不值錢的就是時間。

等過了小半生，不用誰來提點，時間突然變得矜貴，每分每秒都有著具體的安排，但仍是不夠：專案還等著修改，髒衣服已經擱了兩天，過期的麵包忘了……好不容易喘口氣，發現還有通訊軟體顯示未讀訊息。

我們不得不重新審視和盤點自己，就像清理庫存，得估算著手頭裡的時間，把精力花在刀刃上。

從前過日子，是一頁一頁撕日曆，別看那些痛苦和調笑都很用力，其實都是沒心沒肺。現在呢，是實實在在的年輪從身上碾過，每調動一次情緒，當真在傷筋動骨。

對女孩來說，尤其如此。

時間從眉梢眼角爬到心上，看不到，但能感知到，如同鮮花的保質期。

總有那麼一個不經意的時刻，你會發現淡淡的魚尾紋，出現在鏡子裡。它並不值得討厭，但難免叫人惻然，因為它洩露了時間的端倪，提醒你今時不同往日。

就像一朵乾枯的玫瑰，玫瑰依然是玫瑰，但你知道，新鮮的顏色和濃郁的芬芳都已經是往事了。

所以，對年歲漸長的女生來說，你我面臨的困境或舒適，與過往都是不同的。

不喜歡熱鬧了。從前共誰，都是促膝把酒，傾通宵不夠，燈紅酒綠的夜晚，總有人來人往的應酬。現在卻興味索然，覺得再多勾肩搭背的歡笑，都只是酒杯裡的泡沫，喝到嘴裡，嚐不出半點甘苦，哪有情味可言？還是安靜好，獨處最自在，哪怕邀約朋友，也求好不求多。

也不喜歡比較了。年輕時，誰都是活得咬牙切齒，雙手捧著欲望，踩著泥濘，遙遙看著頭頂的月亮。現在卻學著釋懷了，看得到有人住高樓，也看得到有人在地溝、有人一身鏽。被欲望推著走，這條路是漫長無盡頭的，與其去追尋浮光掠影，不如去捕捉你真正所愛與所需，以及那些美而無用的浪漫。

更喜歡隨心所欲。當少女，似乎格外小心和膽怯，有長輩的期許，有師友的三令五申，還有大姐姐們的光芒萬丈，你被嚴嚴實實地裹挾著。現在卻懂得做自己了，像丟掉鋼圈內衣那樣，丟開很多不必要的束縛，躺平也好，內卷也好，不再被外界的聲音帶著走，不負責討好任何人了。

還更喜歡寬容和健忘。過去，愛和恨都太費力氣，不肯輕易原諒，以為世間事都是非黑即白，固執地要判個對錯，曾經多少次聲嘶力竭過呀。現在卻開始佛系了，一次次地說算了，不想多做糾纏，不願意輕易撕破臉面，也不忍心細數彼此的苦衷。因為知道，那都是生活留下的疤，縱然那道疤不在自己身上，但自己身上又何嘗沒有過傷害？

所以，對年歲漸長的女生來說，我們要放棄一些東西，再拾起一些東西。

放棄那些不必要的焦慮，放棄那些華而不實的期待和目標，放棄那些沉甸甸的虛榮，也放棄那些僅僅從你生命中路過的人。

然後，請你拾起最素樸的、最簡單的快樂。

不，這不是頹靡，只是不願意再與自己交戰，不願意和生活好似不共戴天，更願意順應時間的河流，慢慢朝前走。

只是放鬆了。

對容貌的焦慮，對愛情的患得患失，對金錢的渴望，還有對自我的苛責……這些都太沉重了。在過去的小半生裡，我們一直背負著這些包袱，赤腳奔跑，還試圖姿態體面，一遍遍告訴自己要優雅、要從容。

真正的優雅從容，要從卸下心理包袱開始。

目錄

Chapter 5
接受自己的不完美，就是真正的完美

Chapter 1

美貌只是快速消費品

就像前往羅馬的路，四面通達，
可女孩們往往盯著那條捷徑，
殊不知，捷徑裡有險境，
而那些看似險峻的路，越過去，就是坦途。

美貌彷彿一種天賦。

有人擅長運動，有人擅長寫作，有人擅長交際，也有人擅長美。她們仗著天生的好皮囊，恃美而行，招搖過市，以明眸皓齒過日子，在嫣然之間，讓柴米油鹽增色。

誰不愛這份活色生香呢？撩秀髮，便是香風撲面；點紅妝，便是笑靨如花。她們似乎格外會用五官說話，眉有情，眼有意，低頭裡也藏著玄機，任誰見了，眼裡心裡都要怦然。她若皺眉頭，連愁苦都是好看的，不必自己開口，自有人要為她奮不顧身，博美人歡喜。

看，美貌這種天賦是如此實用，它和才華一樣，都能帶來巨大的名利，都可當作你得心應手的謀生工具。它甚至有過之而無不及，因為才華還需要驗證，倘若運氣不佳，便是明珠蒙塵，別說揚名，恐怕養活自己都成問題，只得窮酸二字。即便僥倖撞上伯樂，沉浮半生，博個後世清名，細品來，也處處是艱辛。

還是美貌更直觀，一眼望過去，目眩神迷，直截了當地俘獲人心，要什麼方便沒有？情愛、地位、錢財、鮮花……所有原本需要辛苦籌謀的東西，有了美貌，就唾手可得。

但美貌真的萬能嗎？

不，不可過分依賴美貌呀。仔細盤點，又有誰真正做到了以美貌獲益終身？哪怕是靠臉吃飯的女明星，也是一茬換一茬。再怎麼好看的皮囊，也無法成為長遠的傍身之技，信任它，不如信任你的腦袋或你的雙手，雖然收益慢些，卻更穩妥些，也更長久些。

這就像前往羅馬的路，四面通達，可女孩們往往盯著那條捷徑，殊不知，捷徑裡有險境，而那些看似險峻的路，越過去，就是坦途。

你不必非要活成玫瑰

我們為什麼還要把自己活成玫瑰花，爭奇鬥豔，
然後等著被王子採摘？

我們可以不好看的，狼狽一點也沒有關係，
別再把自己定義為玫瑰了，那樣會被束縛，也會被支配。

將打造和維持魅力的時間拿來廝殺吧，
野心掛在臉上，欲望寫在眼裡，野蠻、堅韌，粗糙而有力量。
怕什麼，手持利刃戰鬥的人，跌倒了也值得驕傲。

小時候讀童話，最喜歡睡美人的故事：嬌豔的小公主，因為誤碰了紡錘，從此沉睡不醒，連同她的王國，一起被詛咒封存。後來，玫瑰花長出來，包覆住整個城堡，也阻斷了聞訊前來的救援者，直到某個王子出現，他穿過荊棘叢，到達小公主身邊，喚醒她，然後愛上她。

從前，我會把這個故事當愛情故事，現在看，卻覺得更像一個悲傷的隱喻。小公主落難，美麗而純真，陷入與世隔絕的芬芳裡，如同尚未開啟的寶藏。她沒有自主的權利，只能被動地等待，在王子出現以後，作為一份獎品，落入對方彀中。

公主的愛情，影射著女孩們的生存困境：長久以來，我們是如此受限，被定義，被安排，被命運送到某個男人身邊，被貼上幸福美滿的標籤，實則面目模糊。我們失去了自己的喜怒和聲音，最大的價值只剩美麗，而美麗捆綁著我們。

在女權意識越來越覺醒的今天，網路上熱火朝天討論著女性獨立，然而很多時候，我們依舊活在不知不覺的樊籠裡。

聽，「姐姐獨美」其實像一種暗示，獨立是受歡迎的，但狼狽是不討喜的，關鍵是要保持「美」，要女孩在什麼時候都姿態好看；「純欲系」「好嫁風」更像赤裸裸的欺騙和脅迫，手把手地教導女孩，讓她們屈從於男性審美，用美麗來迎合和等價交換。

那些外界的評價、讚美，都如同玫瑰花，築成了一道漂亮的藩籬，將我們困住。只因為那道藩籬明豔動人，我們便沉迷於芬芳的假像，忘了自己寸步難行，忘了自己戴著鐐銬起舞，還嚴苛地約束自我，想要優雅從容。

今年夏天，我陪朋友拍攝紀錄片，走訪了一個地方。在那裡，所有的女性都沒有名字，她們從結婚那天開始，就被人稱呼為「某某媳婦」「某某媽」，有人相識幾十年，卻叫不出彼此的名字。

那些名字，不僅被旁人遺忘，甚至她們自己也忘了。

讓我詫異的是，她們沒有人覺得不妥，哪怕她們明明讀過書、受過教育，也常把男女平等掛在嘴邊。比如櫻芝，她上完大學，在北京工作兩三年，然後嫁回老家，經營著當地唯一一家美容院。

大家都稱呼她「趙明家的」，因為她丈夫叫趙明。

熟識以後，我委婉地問她：「你沒有發現嗎？你們這兒的女人都沒有名字。」起初，她不以為然，在她口中，當地女人的生活其實很滋潤：「不用上班，都是男人養家」「帶好孩子就行了」「女性地位還是可以的，聘禮一個比一個高」「他們都怕老婆」……

事實真的如此嗎？在任何外客看來，這種「滋潤」都像是謊言，拙劣的漏洞藏在許多細節裡：逢年過節的聚餐，女性不能和賓客同桌吃飯；紅白喜事的禮金簿上，落款永遠是丈夫或兒子；離婚萬分艱難，要遭受恥笑，還要被娘家人驅逐，認為會帶壞家裡的氣運……

當我和櫻芝聊起這些時，她沉默而難堪，在長長的歎氣過後，說：「忽略這些，也還算好。」但這些是不能被忽略的。

它是潛在的危險；它意味著女性居於劣勢；它能夠頃刻翻臉，將人拖進深淵。你不信？如果遇到保大還是保小的問題，如果男人揮起拳頭，如果婆家和娘家起了衝突——那麼，這裡的女人，很可能會被欺凌。

因為她擁有的，都是對方給予的，一旦對方想收回，她沒有資格開口說不。

櫻芝說：「只要老實本分，不想那些有的沒的，日子還是過得下去的。」所以呢，我們要為了「日子過得下去」，忍氣吞聲，收斂自己的情緒，嚥下自己的委屈，甚至丟掉自己的姓名？

離開那兒的時候，我問櫻芝：「如果你那時候沒有嫁人，而是繼續上班存錢，這家美容院能開起來嗎？」

一定能的。

也許會晚點，但每分錢都是自己賺的，一桌一椅，一塊地板，都會是她的底氣，都能幫她抵抗生活的風波。

一個真正的公主，不應該是縮在美麗背後，等著被命運安排。她應該拿起長劍，劈開那道玫瑰花叢，自己走出城堡，選擇心儀的王子。

但是，不知道從什麼時候開始，我們退到了玫瑰花叢裡。

我們喜歡聽別人誇讚「小仙女」，暗自得意又是好看的一天，然後拍照發文，等著越來越高的讚數和好評。

我們享受異性的示好，尤其是嚴詞拒絕之後，依然絡繹不絕的追逐，讓那份「男人征服世界，女人征服男人」的小心思得到滿足。我們追求「入得廚房，出得廳堂」，咬緊牙關，要在人前光鮮，還要在人後賢慧，立志做完美女人，容不得半點紕漏。

我們周旋於男性凝視之下，遊走於社會對女性的各種條框之中，辛苦而隱忍，擠出得體的微笑，因為對方一兩句誇讚而歡喜。

這不叫獨立，也不是什麼女性崛起，而是「雌競」。

我們依然在把自己放在弱勢的地位，用手頭為數不多的資本，博憐、爭寵，展示溫順、美麗、賢慧這些特質，從而爭取最優質的男人。

我們默認，只有優質的男人才擁有著更多的資源和安全感。或許從前是這樣的，因為女性無法直接和社會對話，所以想要獲得任何權益，都必須通過男性這個仲介。但時代在進步，我們已經打破很多藩籬，走出來，能夠發出自己的聲音。

為什麼呢？我們為什麼還要把自己活成玫瑰花，爭奇鬥豔，然後等著被王子採摘？其實，這個過程中，每個女孩都萬分辛苦，因為「雌競」本質上就是一場「內卷」：為了贏過另一個女孩，我們更努力地瘦身，更用心地提高學歷，更加拚命地工作，試圖用更好的自己，打敗對手，來匹配更好的男人。

結果顯而易見，女孩們活得很累，卻並沒有過得很舒坦。哪怕她找到理想伴侶，她也不敢鬆懈，因為總有更年輕、更優秀的女孩，虎視眈眈地站在一旁。

錯了，從一開始，女孩們努力的方向就錯了。

修飾自我，然後爭奪男人的恩寵，試圖用對方的認可來證明自己，不如直接用這些心力來披荊斬棘。何必把女孩當作對手？我們要爭的，從來不是誰更好看、誰更有魅力、誰爬得更高，而是誰為自己取得更多的話語權和生存空間。

或許童話應該被改寫了：故事裡的那隻惡龍，俘虜了公主，將她囚禁在山洞，所有騎士都趕來營救。經過險山惡水之後，他們驚訝地發現，公主竟然完好無損地走出洞口。

「哦，你們來晚了，那頭惡龍已經被我殺了。」公主雲淡風輕地提著寶劍，金色的頭髮閃閃發光，衣服上可能還沾著血，一點也不美好，卻比所有的騎士還要像騎士。

我們可以不好看的，狼狽一點也沒有關係，別再把自己定義為玫瑰了，那樣會被束縛，也會被支配。

將打造和維持魅力的時間拿來廝殺吧，野心掛在臉上，欲望寫在眼裡，野蠻、堅韌，粗糙而有力量。

怕什麼，手持利刃戰鬥的人，跌倒了也值得驕傲。

我自有長眉妙目，哪怕瑕疵難免卻也特色獨具

看那彎眉，看那雙眼，
它們各有形色，組成不同的風采，
使得我們區別於他人——這就是美。

我自有長眉妙目，哪怕瑕疵難免，
卻也特色別具，何必要妝化成千篇一律的模樣？

我們總習慣把目光放在別人臉上，
卻往往忘了欣賞自己。

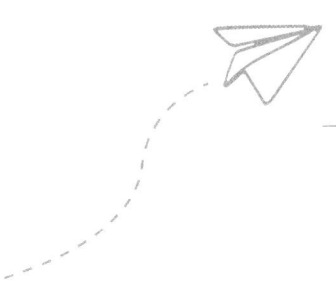

在古希臘的故事裡，最漂亮的少年叫作納西瑟斯。

無數仙女都為他瘋狂，而他清高自負，拒絕了所有的示愛，直到有一天，他在水中邂逅美少年。那個美少年是如此絕豔，讓他神魂為之一顫，心生愛慕，無法自拔。自此，納西瑟斯流連於水畔，日日夜夜，對著愛人傾訴衷腸。

他並不知道，那其實是他自己的倒影。在愛意的驅使下，他投入水中，渴望觸碰愛人，最終溺水而死。眾神憐憫不已，讓他死後化身水仙花，花語為自戀。

我非常喜歡納西瑟斯的故事。他表面上是在為情所苦、為愛殉身，實則是在「看自己」。看，是一種審視，是探詢自我，然後接納自我。

這種審視包含著內在和外在兩個層面。故事裡，納西瑟斯對自己容貌的欣賞和接納顯而易見，這是外在的審視，是「自戀」最直觀的體現，也是很多人嘲笑的地方：天啊，真的有人這麼不要臉？自己愛上自己？

別把這種「自戀」當成笑話，如果可以，它應該是每個女孩的箴言。

因為，我們太缺乏對自己的欣賞和認可了：

每天計算卡路里，不敢多吃一口白飯。

攢著最辛苦的錢，忍著最痛的手術刀，把自己雕琢成別人的樣子。

精心修著社群發文裡的每張照片，從不素顏出門。

在三十歲以後，再也不喜歡過生日，尤其討厭看到鏡子裡的臉。

把女明星的Ａ４腰、漫畫腿、天鵝頸當成目標，立志要對自己狠一點，再狠一點……

這些女孩子真的不好看嗎？不，她們皮膚白嫩，但她們只看到了自己臉頰上的雀斑；她們舉止優雅，但她們只看到了自己年長；她們身材高䠷，但她們只看到了自己體重公斤數。

很少有女孩能夠信心十足地說：我長得好看。

這大概是因為，在每個女孩的成長過程中，沒有人教導她們要學會「看自己」。

看那彎眉，看那雙眼，它們各有形色，組成不同的風采，使得我們區別於他人——這就是美。

在我的少女時代裡，所有關於美的啟蒙，都是在說透過別人的眼睛來定義好看，比如要睡出圓頭，要有雙眼皮，要捏出高鼻樑。從來沒有人教導我，要把目光投向自己，要接受和親近鏡子裡的臉，它和任何人都不同，是獨一無二的美。

我記得小時候過兒童節，學校會讓我們穿新裙子，紮起五花八門的小辮子，在額頭點一枚紅痣。那是我們為數不多的打扮機會，每次我都很開心，表演完歌舞以後，會去媽媽面前討要表揚：「我好看吧？」而媽媽總是笑話我：「別人說你好看，那才叫好看，自己不能這麼說，那叫臭美。」

很長一段時間內，我都對此深信不疑，也留意到身邊的女孩似乎都受過類似的告誡，以至於在我們看來，審視自己的外貌是很羞恥的，接納自己的外貌更是難上加難。即便頂著班花、校花的頭銜，也很少有女孩能夠自信地在心裡宣告：我是一個漂亮女孩。甚至，她面對外界讚美時，第一反應會是害羞和謙遜：「謝謝」「你也很好看」「沒有啦」。

什麼是好看？誰來定義美貌？我們總習慣把目光放在別人臉上，卻往往忘了欣賞自己。

在今天，越來越多的女孩開始擁有容貌焦慮，但這些焦慮的來源，並不是因為她們真的醜，而是她們沒有學會「自戀」，看不到自己的特色，盲目追求外界設定的標準。

七八年前，我還在北京，合租的室友是個小「網紅」，二十多歲，開著網店賣衣服，常常要自己當模特兒，拍些漂亮的穿搭照。

我有一次我比較早下班，撞見她在家裡拍攝。透過攝影師的鏡頭，那張臉神采飛揚，洋溢著一種游刃有餘的美。

她為佔用了客廳而道歉，我表示不介意，很客氣地讚美道：「拍得真好看。」

她笑嘻嘻地說：「我也覺得好看，我可能天生就是吃這碗飯的，太適合拍照啦。」

說到這裡，她大概也覺得自己不謙虛，臉微微一紅，但這點難為情，是因為和聊天對象不熟稔，而不是覺得自己的回答言過其實。

她是打心眼裡覺得自己漂亮，足以勝任自己的工作。

我當時非常驚訝，甚至有些微妙的羨慕：很少有女孩子能夠像她這樣，懂得大大方方欣賞自己的外貌，沒有人云亦云。

其實她絕不是什麼大美人，但世間又有幾個顛倒眾生的大美人呢？每個女孩都有可愛之處，各擅勝場，足矣。

我那時的工作是和媒體打交道，接觸很多女孩子，她們鮮嫩地紮根在這個城市，眉眼如花，綻放在各個行業。但我發現，哪怕是小有聲名的明星、網紅，被粉絲追捧著，被掌聲擁簇著，依然會在鏡頭之外質疑自己的美貌。

她們或清純或美豔，卻一次次打針、填充、動手術，反覆折騰那張臉，換來粉絲的惋惜和不解：為什麼明明很好看，卻想不開要去整容？

是啊，為什麼呢？誰都愛美，誰都有權利追求美，但美是沒有範本的，為什麼要照著別人的樣子去改變？為什麼看不到自己的五官特色？

她們不是「美而不自知」，是對美有誤解，是從未真正發掘到自己的魅力，也並不信任自己能有此等魅力。

相比之下，我的那位室友顯然更「自戀」，她並沒有比那些網紅、明星更漂亮，卻比她們更快樂。

在她的直播間，總有粉絲笑嘻嘻地建議：「姐姐臉上有顆淚痣，為什麼不做個手術去掉呢？會更好看的。」

她毫不在意地搖頭：「我有這顆痣也很好看啊。」

我自有長眉妙目，哪怕瑕疵難免，卻也特色別具，何必要妝化成千篇一律的模樣？

每每想到她這番話，我都不免要拍手叫好，這幾年，眼看著身邊的朋友們陷入容貌焦慮，她這份「自戀」太難得了——發現自己的美，並為自己的美著迷。

我知道，現在的女孩們很喜歡為自己的外貌打分，四分女、六分女、七分女，這個分數的背後，是「我應該可以到這個分數吧」的小心忖度和「我要努力變得更美」的暗暗較勁。

其實大可不必，為美貌評分，註定莫衷一是。什麼標準？沒有標準，那我們不妨拿自己當標準。

我們本來就很美呀！

有的活潑可愛，裙襬飛揚起來，如同一朵柔軟的雲；笑聲化作風，毫無徵兆地吹過心湖，攪起漣漪，泛著淡淡的甜。這甜，又從她的淺笑梨渦裡溢出來。

有的明豔動人，整個三月的桃花都在她眼睛裡，每次抬眸，恰似花開，歡喜和哀愁則是香氣，彷彿有了顏色，在空氣中活色生香。你無法不看她，就像你無法拒絕春天來臨。

有的豐盈，一截玉臂，優雅得像天鵝抻頸，自肩到肘，再到纖纖手，彷彿唐朝仕女圖的線條，流暢而自然，連雙下巴都顯得恰到好處。

有的窈窕，身形似楊柳，走動也好，靜止也好，依依有情，用舉手投足詮釋了柔美。她從蒹葭蒼蒼的詩歌裡走來，自身也是一首詩歌……

女孩子各有各的漂亮法，與其被別人的審美牽著走，陷入容貌焦慮，不如多看看自己，姑且做一回鏡子前的水仙花。

愛藝術品，做實用品

美貌，只是女孩們眾多優點裡的一個。
女孩們綻放的方式有千百種。

只因為她有比臉更亮眼的地方，
所以讓人忽略了那份美。

其實想想，很多女孩執著於變美，
是因為她們忘了，
自己還可以有其他的優勢。

在我家鄉有一句俗語：「女人菜籽命，落到哪裡算哪裡。」

小時候，總聽到大人們念叨這句話，尤其是家裡的女孩出嫁時。她們穿戴好嫁衣，到堂屋拜別父母，淚水漣漣，眉梢俱是羞澀和喜氣。而父母則更哀戚些，拉著新娘子的手，反覆叮嚀：「女人菜籽命，人既是你選的，以後好壞都是你的命，且忍著吧。」

我當然不明白，纏著大人們問，伯母嬸娘都說：「這就是養女兒的壞處了，在家時千好萬好，一到嫁人，那得聽天由命。如果遇到好人家，後半生不愁；如果遇到歹人家，能有什麼辦法？可不就跟種油菜籽一樣？落到哪裡算哪裡，落到薄田不會有好收成！」

母親在旁邊搭腔和點頭，她既然生了女兒，心裡自有許多擔憂。我聽得懵懂，也不以為然，但這個新奇的比喻卻一直記在心裡。

很久以後，我讀到作家廖輝英的小說《油麻菜籽》。她說，台南地區也有「查某囡仔是油麻菜籽命，落到哪裡就長到哪裡」的俚語，而她的母親一生悲情，是這句話的最好例證。

我開始重新審視這句俗語，它的本意，當然是想哀歎女孩子身不由己的婚姻生活，時至今日，早已不適用了。但仔細想來，油菜也好，油麻也好，用來比喻女孩子，真是再貼切不過。

油菜開花的時候，陣勢很大，一眼望過去，黃澄澄，金燦燦。油麻呢，有些地方又叫芝麻，開了花，白底紫暈，成串成對，也是蔚然如雲霞。但這樣的景觀，從來沒有人駐足觀賞，也沒有人把它看作春色盎然。

如果你有心，停下腳步細看，你會發現它們其實很美，小小的一朵，細嫩可愛，玲瓏別緻。然而，尋常見了它，很少讓人想到美，最先浮起的念頭是：花開得這樣密，今年又有好收成了。

你看，有些花不是不好看，只是它有更大的優點，當其他優勢勝過美麗優勢的時候，它就從藝術品變成了實用品。

我們也許會鄙棄一件藝術品，但我們都愛實用品。

女孩子的處世之道，又何嘗不是如此？

世有百花，各具風情：桃花明媚，海棠嬌豔，牡丹雍容，菊高潔，蘭清幽……好春光有限，誰不想占得一席之位？於是各自爭奇鬥豔，拿出看家本領，博個美名。

女孩子與花，有太多相似之處，難道花都需要好看嗎？難道女孩被喜愛，都是因為好看嗎？我想，答案就藏在油菜籽裡。

論美麗，油菜花排不上名號；論喜愛，油菜花受歡迎的程度，不見得輸給桃紅柳綠，它能入菜，籽能榨油，以無可替代走進了千家萬戶。

每個女孩子要走的路，也應該是這樣的，條條通羅馬。美貌，是叩響成功之門的鑰匙，但絕不是唯一的鑰匙，事實上，連那些擁有美貌的女孩子，都不再信任美貌，而是另覓他徑，挖掘更多的優勢，讓自己發光。

我記得北京奧運會期間，一張女運動員的照片，讓網路上興起了一股討論容貌的熱潮：大汗淋漓的女運動員，隨意套著運動服，頭髮蓬亂，眼神清亮有光，攫取了所有人的注意力，絲毫不輸那些美豔精緻的女明星。

在被各種精修圖、自拍照洗版以後，大家已經對女性有了刻板印象：大腿不能粗，小肚腩不好看，手臂要瘦……他們要求女孩們漂亮，彷彿這就是女孩們最大的價值；而女孩們也想方設法讓自己漂亮，彷彿只有這樣才能讓自己被看到。

在我們看不到的地方，很多女孩努力展示自己更多的優點，而那張女運動員的照片，讓這些女孩闖進了大眾的視野。嚴格來說，她們的外形條件真的比不上女明星，沒有傲人的身材，也沒有所謂的黃金比例，原生態的濃眉大眼、斑點和黑眼圈都清晰可見。

但那又如何？她們有的在泳池游弋，破浪花千重，如逆流而上的魚；有的在冰道馳騁，其身形輕盈，力道激越；有的在擊劍場，七分野三分烈，一劍封喉……她們找到了自己的舞臺，演繹出了自己的精彩，耀眼到讓所有人都為此鼓掌、讚美、歡呼，這一刻，沒有誰去在乎鏡頭裡的臉是否好看。

美貌，只是女孩們眾多優點裡的一個。

這並不是什麼標新立異的觀點，卻是常常會被我們遺忘的生活態度。

我當然喜歡那些活得像海棠花的女孩，無處不活色生香，但我同樣喜歡活得像油菜花的女孩，哪怕隨風飄落，落到貧瘠的土地，也在努力綻放，找到美貌以外的東西，讓自己被看到、被認可、被欣賞。

我身邊就有這樣的朋友，我絲毫不覺得相貌平平是她的缺憾，她自有讓人折服的魅力，你根本不會將注意力放在那張臉上，哪怕她好看，好看也是她最不起眼的優點。

在Dee的身上，我第一次意識到美貌是次要的，甚至是無效的。

我們相識的時機不算好，那時候汶川地震十周年，我做專題採訪，而她是我的受訪者，因為她的男友在那場地震中失蹤了。彼時，她還在讀大學，憧憬著畢業典禮和婚禮同時舉辦，冷不防地，生活就被剜去了一大塊。

我留意到她，還有一個很重要的原因是她的職業——心理師。她在鏡頭裡說起這十年，從生死不明的戀人，到贍養對方父母，再到鼓起勇氣開始新的戀情，以及遇人不淑當了小三，而後眾叛親離，獨自生下孩子撫養，成為一名單親媽媽。

她受太多創傷，就像一粒落在鹽鹼地裡的油菜籽，註定做不了姹紫嫣紅的牡丹。但女孩們綻放的方式有千百種，她選擇從創傷裡站起來，帶著傷口，去療癒受傷的別人。

她成了業內非常有名的女心理師，見面時，我一下子就被迷住了。你能從她身上感受到苦，但那些苦從容地沉澱下來，像細細研磨過的咖啡，有醇厚而溫柔的力量，徐徐散發。

我對她最直觀的印象是她就像珍珠，散發著柔光，溫潤卻又讓人無法忽視。直到認識數年後，我看到她做的一場公益講座，在高畫質影片裡，很多網友留言都稱讚她漂亮，我第一次開始打量她的臉，後知後覺地發現她是美的：長眉，杏眼，天鵝頸，如果塗脂抹粉地打扮起來，在人群裡絕對亮眼。

只因為她有比臉更亮眼的地方，所以讓人忽略了那份美。

其實想想，很多女生執著於變美，是因為她們忘了，自己還可以有其他的優勢。

都說美貌可以變現，難道學歷不可以？技能不可以？愛好不可以？女孩能夠努力和鑽研的方向實在太多了，美貌固然算作捷徑，也需要承擔風險和痛苦，何必死磕？又何必一窩蜂地「雌競」，製造外貌焦慮，不妨試著換一條賽道。

我永遠嘆服於董明珠女士，每每看到她露面，不管線上線下，都覺得驚豔。那不是明眸皓齒帶來的衝擊，而是一位女企業家用實力說話的底氣，哪怕你不喜歡她，也無法否認她的耀眼和優秀——她以睿智和堅韌點亮了自己的名字，讓所有人看到她。

如果要用一種花來形容董明珠，那麼，再沒有比油菜花更合適的了。

風將她吹往命運的低谷，她依然紮根，開花，結果，不參與爭奇鬥豔，只用淬煉出的精華來說話，在春天擁有一席之地。

這大概才是春天的正確打開方式，每一種花都找到自己的生存之道，就像女孩都能走上屬於自己的路。

美得不費力，才算高級

她們很美，但她們也很累。

只有美得不費力，才能讓自己和旁人愉悅，
如果美麗裡透著太多眼淚和汗水，
再美，亦不動人。

再怎麼心愛，也不能受其牽掣。
我們愛酒，但不要被酒支配，衝著昏頭腦；
我們愛美，也應該如此。

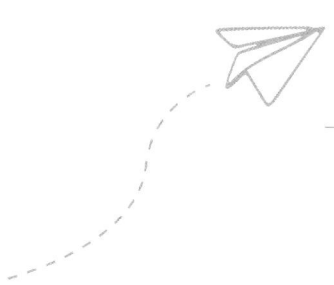

「魔鏡啊魔鏡，請告訴我誰是世界上最美的人？」

當童話裡的壞皇后拋出這個問題，她就註定要被答案牽制。在魔鏡肯定了她的美貌以後，她就再也無法忍受世上有更美的人出現，哪怕對方是她的繼女，她也遏制不住內心的嫉妒和惶恐，痛下殺手，從此走上一條萬劫不復的路。

世上當然沒有魔鏡，但似乎每一面普通的鏡子都擁有魔力，絕不說謊，清楚地記錄每一個女孩的嬌豔和凋零。

為了挽留鏡子裡的美，無數女孩化身「壞皇后」，把現實生生改寫成結局慘澹的童話。

可不可以追逐美貌？當然可以，沒有女孩不愛美。

我讀書的時候，最喜歡翻閱些雜記典故，凡有關女子的衣食儀容，歷朝歷代都很可觀，也都很有情趣。

最經典的自然要屬《紅樓夢》，賈寶玉安撫受了委屈的平兒，教她用紫茉莉花的種子研粉，再拿玉簪花棒挑開，敷在臉上，輕而白，柔而嫩。瞧瞧，愛美是一門多麼精深的學問，單說妝容，竟有這許多講究，南朝的落梅妝、唐朝的拂雲眉、宋朝的珍珠面靨等，都是女孩們在臉上耗費的心力。

可以大做文章的還有服飾，比如漢朝的姑娘，人人效仿趙飛燕，要把好好的綢裙弄出褶子，佈滿皺紋，叫作留仙裙，穿起來婀娜生姿，營造出一種隨時要被風吹走的柔軟感；而唐朝的姑娘則流行穿訶子裙，把豐腴之美展現得淋漓盡致，香豔得叫人挪不開眼，貴婦或平民都引為風尚。

愛美是人之常情呀，為了娛人也好，為了自娛也好，看著鏡子裡的自己光鮮亮麗，終歸是快樂的。況且我們還篤定美麗能夠變現，一個漂亮的女性，在事業或戀愛上的運氣都不會太差，我們當然要小心翼翼地呵護這張皮囊。

所以，儘管商家都在戲謔「女人的錢最好賺」，但女孩們依然樂此不疲，願意為任何一件能讓美麗增值的商品埋單，也願意花費諸多心思和手段來折騰自己。

你永遠無法想像，為了變美，女孩們有多麼能吃苦：

她們可以粒米不沾，餓上三五天，只為了把自己塞進一件窄小的禮裙。

她們忍受拉皮削骨的痛，躺在手術臺上，眼看著針尖紮下來，泛著寒光，絲毫不敢閃躲。

她們十幾年如一日，不碰甜食，更不吃晚餐，清晨瑜伽，晚上夜跑，自律得如同苦行僧。

她們在任何場合都妝容精緻，下樓丟垃圾也得描眉畫目，誰也別想剝開這層光鮮，目睹她們的狼狽。

她們孜孜不倦地追趕時尚，從捲髮弧度的大小，到鞋子的高度，這些在男性眼裡瑣碎而無關痛癢的事情，是女孩們精益求精的細節……

她們很美，但她們也很累。

我曾經做過社會調查專案，在地鐵、街路、辦公大樓觀察各色女性，我發現一件很有意思的事：更讓人賞心悅目的，不是眉筆眼影胭紅勾勒出來的精緻，而是自然隨性中透露出來的輕鬆。哪怕她身形微胖，紮著隨手挽的丸子頭，還有一兩縷髮絲飄下來，身上沒什麼名牌，甚至和流行不沾邊，但整個人卻愜意而舒展，任誰看了，都覺得這份簡單的背後，有舉重若輕的從容和妥貼。相反，越是身材標準得如模特兒，越是裡裡外外精心搭配，越叫人看出其中的辛苦和鑽研。

我從前也這樣，出門在外，如同一場戰戰兢兢的「畫皮」，費盡心思維持著光鮮，在旁人面前絕不肯露怯。有很多次，對面坐著約會的友人，而我在心裡暗暗焦灼：別吃玉米吧，啃起來太沒有形象了。西瓜為什麼沒有切成塊呢？汁水淋漓的，今天偏偏穿了白裙子，滴到了怎麼辦？火鍋的味道有點重，幸好包裡準備了去味劑……

你要相信，隨時隨地都好看並不是一件容易的事，每個驚豔了路人的女孩，背地裡都在偷偷努力和較勁。

朋友笑話我：「何必呢？為了別人賞心悅目，弄得自己筋疲力盡。」

我立馬反駁他：「我自己也會收穫快樂。」

「過猶不及，你在好看這件事上收穫的快樂，已經遠遠低於它帶來的麻煩。」

話雖難聽，道理卻不假。

只有美得不費力，才能讓自己和旁人愉悅，如果美麗裡透著太多眼淚和汗水，再美，亦不動人。

這就像我們少女時代的暗戀，青澀裡，嚼著若有似無的甜，你自然想嚐更多的甜。但如果這個過程漫長而跌宕，即便最後暗戀成真，你心頭的愉悅和甜，大概也被稀釋到所剩無幾了。因為在被執念驅使的時候，你滿腦子都是「得到這個人」，而不是享受愛情，這就是為什麼很多人和暗戀物件修成正果，也並沒有想像中圓滿，只得草草分手。

再怎麼心愛，也不能受其牽掣。我們愛酒，但不要被酒支配，沖著昏頭腦；我們愛美，也應該如此。

那眾多的受訪者中，有一位讓我印象非常深刻，她自成年後開始沉迷於整形，大大小小十多次手術後，面目全非。單那一雙眼，就不知費了多少功夫，最初割了歐式雙眼皮，沒幾年審美觀變了，又忙著去做修復，來回折騰許久，好看自然是好看的，但耗費的時間和心力實在驚人。

別的不提，為了維持術後效果，她這幾年基本不敢碰太激烈的運動，以往最熱衷滑雪，現在也只能在場邊當個觀眾，過過乾癮，因為怕傷到臉蛋。她不無心酸地在鏡頭裡回憶：有一次去騎馬，不小心摔了，新做的鼻子沒保住，立刻又到醫院進廠重做。她說，身體上的苦痛倒在其次，當下的那份難堪和驚慌才磨人，在很長一段時間內，她甚至不敢摸自己的鼻子。

其實她已經很好看了，從五官到形體都被精雕細琢，完美得不似真人，然而，完美的背後有太多負荷。

我問她：「你現在夠漂亮了，為什麼還要不停地動手術？」

她笑了，注射過矽膠的臉已經做不出表情，如同櫥窗裡的洋娃娃。她說，一旦開始，根本停不下來，心裡會有個聲音不停地暗示自己：再做一次，會更美一點。

可是美怎麼會有止境呢？所以她被這個聲音推著往前走，一次次走進手術室。

追求美，並不等同於被美奴役和差遣。

也許道理我們都懂，可是我們太容易被蠱惑了，在不知不覺之間，失了平常心，本末倒置。原本我們是主人，對著鏡子裡的臉品頭論足，想著讓自己高興；沒想到我們最後變成奴僕，千方百計折騰自己，只為呈現更好的一面。這哪裡還是取悅自己？分明是被鏡子牽著鼻子走。

我依然記得，那次採訪結束，她迷惘而無奈地歎息：「有時候，我覺得自己像童話裡的那個小女孩，覬覦一雙紅舞鞋，想要漂漂亮亮地出現在大家面前。結果穿上了鞋子，竟然再也脫不下來，什麼虛榮、快樂、讚美，早就不會有了。」

這就像一個真實版的都市寓言，它在告誡每個愛美的女孩：不要成為美貌的奴隸。

最好的化妝品是年齡

大概每個花季少女都曾經和這樣一個假想敵咬牙切齒地較勁過，
覺得自己的青春灰撲撲的，
只有長大了才明白，這其實是對美的一個誤解。

真正讓你變美的，是你對美的認知，
只要真正理解了每個年齡段的風采，
愛上每個年齡段的自己，那就無需任何化妝品。

有一陣子，我在大學開通識課，講文學鑒賞。來聽課的大多是女孩，十八、九歲，笑起來芬芳，念著葉芝或普希金的詩，每個語句都像花瓣上柔軟的露珠，在唇齒間滴溜溜地轉，純淨且美好。

在我看來，再沒有什麼比這些花樣年華的女孩更動人，難怪文學家們都至死不渝地熱愛少女，因為用盡所有美好字眼，也實難描摹這份鮮活。

但是，她們自己好像渾然未覺。

好幾次下課後，有女孩笑嘻嘻地跑過來，在講臺邊圍住我，羞澀地問：「老師，你今天好漂亮呀，這條裙子是在哪裡買的？」

她們拿出手機，眼巴巴地討要同款購買連結，我驚詫，還有點惘然。

去年底，我過完三十歲的生日，即便仍頂著一張娃娃臉，旁人還能戲謔「永遠十八歲」，自己卻能清楚地感覺到變化。最明顯的，就是穿衣這件事，無論逛街或是上網購物，看到喜歡的裙子，腦海裡會不自覺地開始考慮：我這個年紀可以穿嗎？

這一年來，我的衣櫃明顯變了許多，都是些素雅的顏色，款式也再簡單不過，沒想到竟然能招來小女生喜歡。我還記得有件秋香色的旗袍，花鳥紋，仿著宋人折枝花鳥畫，那樣暮氣沉沉，卻有好幾個女孩買了，歡喜地穿著來上課。

當然是好看的，年輕帶笑的臉，捕獲了全部目光，讓人根本看不到其他。我其實很想告訴她們：這樣一件衣服，分明是在拖後腿，哪裡能襯出你的美麗呢？

說來也有意思，女孩們的容貌焦慮，很多時候竟都來源於年齡，我們無法平心靜氣地與各個年齡段的自己和解。

年歲漸長的人，無法接受青春在臉上消逝，努力想要留住蘋果肌和膠原蛋白；豆蔻年華的人，卻無法欣賞小荷才露尖尖角的風姿，急切地想要闖進大人的世界。

在美麗這件事上，女孩們好像一直缺乏系統的教育和認知，懵懂地往前走，新奇，慌張，反覆無常，還有漫長的焦慮。尤其是年少時，我們特別渴望透過變美，來建構自信心，獲得認同感，但往往我們不得章法，更容易經受挫敗。

回想起來，誰的青春沒有經歷過這樣的彆扭？十七、八歲，總覺得再尷尬不過，稚氣未脫，眉眼又已然長成桃花，看著那些大姐姐們成熟俐落，舉手投足間都是招搖和風情，最勾人目光，怎麼看都存了豔羨。

於是，我們暗地裡不知費了多少小心思，又生了多少悶氣：絕不肯穿媽媽新買的衣服，因為太幼稚；什麼東西都喜歡黑的，因為顯得獨特，有個性，白色和灰色也好，粉色是萬萬不可；偷偷留長髮，睡覺前編一股麻花辮，讓頭髮在次日變成蓬鬆捲髮；甚至還曾經拿紅色中性筆，把指甲塗得鮮紅搶眼。

我有個年齡相差十多歲的表妹，最近被小姨痛罵，委委屈屈地把自己關在房間裡不出來，只因為她省下早餐錢買了口紅，在上學的時候偷偷塗。

大家都笑她臭美：「這才幾歲，塗什麼口紅？」但表妹不服氣，說班上好多女生都偷偷打扮，不只買口紅，還會餓肚子省錢買眼影、腮紅，是跟高年級女生學的。

的確，在這個年紀，女生最討厭、實則最嫉妒的，一定是那個遠比同齡人成熟的女孩。她個子高䠷，身形開始發育，穿著打扮更像大姐姐，說話行事似乎也更有風采，一下子把其他女生對比得幼稚而無趣。

大概每個花季少女都曾經和這樣一個假想敵咬牙切齒地較勁過，覺得自己的青春灰撲撲的，只有長大了才明白，這其實是對美的一個誤解。

在豆蔻梢頭的年紀，最好看的，分明是藍白色的校服被風吹得鼓起，是高馬尾甩出活潑的弧度，是陽光照著臉上細小的絨毛，是哈哈大笑露出潔白的牙齒……

多年以後，我們再回想起讀書時代的素顏，終於學會真心實意地欣賞了：年輕真好啊，怎樣都好看。

可惜當時不懂，著急忙慌的，其實急什麼呢？以後有的是機會描眉畫眼，那份渾然天成的稚嫩和青澀，才是錯過不再有。

讓人哭笑不得的是，我們無數次模仿和渴望的風情美豔，當我們真正擁有時，它好似又變了味，成了蚊子血，怎麼看都礙眼，仿佛青春逝去的印戳。

我有個朋友，在時尚雜誌任職，自詡品味不俗，很愛對我們的衣櫃指點江山。有段時間，我們很驚訝地發現，她似乎瘋狂迷戀上了粉紅，從頭箍到衣服，再到包包，這個粉嫩的顏色越來越常出現。

有一次聚會時，她甚至穿了一雙糖果色的高跟鞋。我們立刻提出質問，畢竟她可是義正詞嚴地說過「一切飽和度高的顏色，都和時尚無緣」。

她幽怨地歎氣，攤手道：「所有的時尚法則，都會敗給這條鐵律──人上了年紀，就會開始喜歡粉色。」她自嘲地說，她前幾天穿了件新衣，才出門，和社區的一個中學生撞衫了，對方看她的眼神震驚而嘲諷，就差直接控訴她了：阿姨，你為什麼沒點自知之明？

我們聽得樂不可支，想想又覺得難過，這件不合時宜的衣服，背後折射著中年焦慮：我是不是老了，不好看了？

從前，我們迷戀成熟，看著電視螢幕裡的大姐姐，覺得她們舉手投足都是舒展，連笑起來的皺紋也格外有魅力，是徐徐綻放的花，是美。但這種美彷彿只是葉公好龍，等到自己年歲漸長，我們就慌了，絕不肯面對鏡子裡的皺紋，因為難看呀，見過自己飽滿的蘋果肌，再看如今的自己，只覺得面目可憎。

還記得那個「開箱驗取石榴裙」的故事嗎？驕傲如武媚娘，在旁觀者眼裡是「蛾眉不肯讓人」，豔壓後宮。但她自己呢？被打發到感業寺的時候也不過二十來歲，卻深覺惶恐，擔心自己人老珠黃，要一次次打開箱子，翻出漂亮衣服，往身上試穿，以此來證明她魅力不減。

揣著這樣的心思，誰還能坐得住？倒騰些花紅柳綠的衣服是小事，更禁不住誘惑的是醫美，從臉部護理到打針、動刀，躺在手術臺上，醫生的那句「只要花點小錢，就能讓自己青春永駐，何樂而不為」，簡直是說到心坎裡。

我有段時間沉迷於光子嫩膚，不為別的，實在懶得化妝。總是素面朝天地出門，但又不得不承認，歲月在臉上留下了粗毛孔和斑點。回想少女時，自己也曾瘋狂囤購彩妝，研究過各色港風妝、白水妝、桃花妝，如今倒是學會了嫺熟地打眼影，但走出門去，從頭到腳都是心虛，覺得自己戴著面具。

再看看路上的少女，像剝開的白水雞蛋，好看得讓人嫉妒。於是我忙不迭地求助醫美，去的次數多了，我發現所有醫美機構的客戶，大多都是女性，要麼是二十左右的少女，要麼是四十往上走的女性。

前者拿著女明星的照片來割雙眼皮、削骨，要把自己折騰成別人；後者要填充蘋果肌，打玻尿酸，回到年輕時的自己。

如此來看，女孩們關於「美」的定義實在不可靠，我們在不同的年齡，擁有不同的焦慮，用著不同的法子折騰自己，但卻從來沒有想過試著欣賞每個年齡段的自己。

十八歲，自有十八歲的水靈；三十八歲，自有三十八歲的優雅。

不管我們此時多少歲，這個年齡都有自帶的美顏濾鏡，我們如果學會欣賞和接受，就會發現自己是好看的，就不會有那麼多焦慮和不安，也不會迫切地渴望長大或回春。

真正讓你變美的，是你對美的認知，只要真正理解了每個年齡段的風采，愛上每個年齡段的自己，那就無需任何化妝品。

美而無用，那就等同於不美

其實，美貌就像你的存款，要量入為出，
錢多錢少已是定數，關鍵在於怎麼花錢。

美貌夠用就行，它沒有最高級，
不必為此費上全部心力。

值錢的是美貌附帶的價值。

美貌是一種工具，槍棒斧戟，分不出哪種最鋒利，求的是技巧。

《聊齋》裡講了個很有意思的故事：富商洪大業娶了嬌妻朱氏，朱氏貌美如花，兩人也蜜裡調油地好過，但洪大業後來納了一個婢女為妾，她姿色平平，遠不如朱氏，卻深得寵愛。朱氏既不服氣，又無奈，與丈夫越行越遠，好在得了女狐恒娘的幫忙，用欲擒故縱的手段，奪回丈夫的心。

恒娘教她，並非她皮囊不美，而是她不懂得利用和展示這份美。

很多女孩對美都有誤解，她們覺得，美貌既然能變現，而自己並沒有享受到容貌帶來的便利和好處，那肯定是因為還不夠美。所以，她們永遠活在容貌焦慮裡，想方設法要讓自己更美。

其實，美貌就像你的存款，要量入為出，錢多錢少已是定數，關鍵在於怎麼花錢。

有個讀者加了我的微信，總在朋友圈曬自拍，二十來歲的少女，不管挑什麼奇怪的角度，看起來都鮮妍活潑，眼裡有光，能點亮整天的好心情。

她向我吐槽，說自己有個喜歡的人，她三不五時地發自拍，其實是為了招惹他，但他似乎不理單，有時候按個讚，有時候不搭理。

我問她：「你希望他怎麼做呢？」

「當然是按我讚，誇我漂亮，然後來追求我。」她說著，又苦惱起來，「他不回應，是不是覺得我不夠好看？」

她其實是個美人兒，但她對於如何展示自己的美，似乎在認知上有點偏差。

很多女孩都存在這樣的誤區，以為花若盛開，蜂蝶自來。所以她們卯足了勁，想透過自拍來 360 度地展示容貌——我那麼美，當然能引來賞花之人，懂我，憐我。但事實上，蜂蝶來的原因，是花能提供它們香甜的蜂蜜。

自拍能展示什麼？瓜子臉、櫻桃嘴還是天鵝頸？美麗的確能帶來視覺衝擊力，但短暫而無效。你瘦？永遠有人比你更瘦。大家更關注的，實則是美麗背後的功能性：穿搭小竅門、有趣的故事、護膚心得、廚藝精進技巧……當他們意識到你的美麗能提供價值的時候，他們才會對你這個人有興趣，想要瞭解。

這就是為什麼那些仰之不可得的「高嶺之花」，最終摘下他們的，都是普通美人而不是什麼絕世美人的原因。

你疑惑不解，甚至會生氣：她是長得還不錯，但我男神那麼好，喜歡他的人那麼多，他明明有更優選項，為什麼偏偏是她？

以此類推，你會發現身邊有些女孩，長相談不上很好看，但異性緣格外好，哪怕一時戀愛不順，很快也能找到優質男替補，她們最後往往都嫁得不錯，讓人又羨慕又費解。

我身邊就有這樣的例子，眾多好友裡，老楊的桃花最多。她實在不算很美豔，方臉，高個頭，嫵媚稍顯不足。相比之下，同宿舍的系花就嬌得多，五官精緻，被我們叫作「小佟麗婭」。

從讀書開始，老楊就有很多追求者，圖書館結伴的學長、籃球場遇到的體育生、社團活動裡的校友、兼職認識的上班族……這些人樂於獻殷勤，總往宿舍樓下跑，一來二去，系裡就有些風言風語：老楊挺厲害啊，長得就那樣，倒對男人很有一套。

老楊最後嫁了個大老闆，身家不斐，同學聚會的時候，系花半是嗔半是酸：「看看老楊，再看看我自己，真是白浪費這張臉了。」

昔日的「小佟麗婭」依然美貌，卻並沒有如她自己所料的那樣，憑美貌躋身豪門。

老楊也誠實：「要說長相，我不如你，也不如很多人。」

但是，要那麼好看做什麼？你有七分美貌，能展示出七分的實用性，那已經很難得。相反，倘若你有十分美貌，卻只是花瓶，徒有兩分的觀賞性，那人家當然不願為此埋單。

美貌夠用就行，它沒有最高級，不必為此費上全部心力。如果一定要焦慮，與其焦慮怎麼讓蘋果肌更飽滿、讓髮際線更漂亮，不如思考怎麼把現成的姿色發揮出最大功效。

要知道，美是帶著功利色彩的。種地的人覺得春雨格外動人，因為這場雨能帶來豐收。在婚姻上也是如此，你出售美貌，對方付費下單，難道真的只為買烏髮紅唇？不，那些標價的背後，其實還包含美貌的附加值：學歷、能力、情緒價值等。

很少有人會把女性當成徹頭徹尾的藝術品，來欣賞或收藏，即使這個女性非常美貌，她依然是「商品」，要被討價還價，計較ＣＰ值。所以你會發現，在男性視角下受歡迎的女性，她們除了能提供美貌，還很擅長展示美貌之外的賣點。

我並不是在物化女性，女孩們從來就不應該被品頭論足，而應該活得舒展而隨性。但是，如果有人試圖以美貌為籌碼，去赤手空拳地博弈，那我不希望她們走彎路，不要把精力用於描眉畫眼。沒有人最美，永遠有人更美，美貌本身其實不怎麼值錢，越單一的美貌越是如此，哪個花花公子身邊的女伴不是換了又換？

值錢的是美貌附帶的價值。

就像老楊，五六分的美貌，但她從沒有想著動臉，而是加強整體實力。比她嬌柔的，不如她精明能幹；比她年輕的，不如她人脈豐富；比她隱忍吃苦的，又不如她活潑大方。如此這般，哪怕她長相不是滿分，ＣＰ值卻是最好的。

我們總想著佔點容貌上的便利，但誰都不傻，怎麼會白白把好處奉上？男性在審美這件事上，顯得尤其功利，一個美得像女明星的女孩，如果不工作、沒存款、年紀稍長，他們照樣嗤之以鼻。因為美貌的可替代度太高了。

所以，女孩們不如停止對臉和身材的折騰，轉而想想，有哪些技能可以發展，作為美貌的配件。

美得無與倫比，是不切實際的目標，在這條路上，很多努力可能都是無用功；美得有深度、有厚度，才是最好的策略。

我們小時候都聽過這樣的比喻吧？每個女孩都是一隻繭蛹，要熬過貌不驚人的時期，蛻變成蝴蝶，綻放屬於自己的美麗。

這比喻其實很值得深思，蝴蝶在破繭之前，難道不好看嗎？她偷偷熬過不為人知的痛苦，流過無數眼淚，長出翅膀，換上粉彩，和從前的樣子大相徑庭。但她躲在繭裡是得不到讚美的，只有當她飛出來，讓世人看到她穿梭在花叢中，才會得到喜歡。

有誰會喜歡繭裡的蝴蝶呢？美而無用，那就等同於不美。

《聊齋》裡還有另一個關於美貌的故事：劉子固愛慕阿繡，輾轉反側而不得，有個狐狸精趁機化作阿繡的模樣，與他相會。劉子固得知實情後，驚懼不已，狐狸精被他戳穿，倒也大方，撮合了他和真正的阿繡，劉子固這才消除忌憚，將她奉為恩人。

狐狸精一直熱衷於學習阿繡，努力讓自己幻化得更美，連小酒窩這樣的細節都不放過。但她不知道，劉子固對她們的態度，並不是取決於誰更美。

阿繡不過凡間女子，姿色能勝天仙？但那張皮囊背後，附贈的是賢慧持家、生兒育女、舉案齊眉等美德。

我若是狐狸精，才不會對著銅鏡瞎琢磨，就該露點真章讓劉子固瞧瞧，我能行凡人不能行之事，家有一狐，如有一寶，何愁他不埋單？

不去迎合任何人的審美，就能收穫外貌自由

如果你曾留心，就會發現身邊越是公認的美人，
越是不服從美的「規則」。

任何人都不應該成為美的權威，
也不具備指導你的資格。
你就是你，你只有不去迎合任何人的審美，
擺脫外界對美的通俗定義和綁架，才能收穫外貌自由。

「你們女生真的很難懂。」

被老同學叫出來吃飯，他愁眉苦臉，一問之下才知道，這位直男又把女朋友惹毛了：吵架、賭氣、道歉，然後封鎖，依然是熟悉的套路、熟悉的味道。

「我真搞不明白她為什麼生氣。」他一五一十地還原了案發現場，「我們出門逛街，她穿了一件新衣服，問我好不好看，我說那件吊帶裙顯得她手臂粗。她立刻就翻臉了，說網美都這麼穿，還說什麼自信就是最美，什麼外國人身材再糟也穿吊帶，什麼想穿就穿，她有穿衣自由。」

他見狀不好，連忙安慰她，表示她愛穿什麼都可以，他就是隨口說說。但女朋友已經沒有逛街的心情了，拿出手機給他看網路上各種網友穿吊帶裙的圖片，並一條條念留言：「小姐姐很可愛哦」「小姐姐一點也不胖，肉肉的才可愛」「男朋友竟然覺得不好看，哈哈，大直男審美」……

我們都見過他的女友，個頭嬌小，嘟嘟臉，可愛又元氣滿滿。客觀來說，她穿那件吊帶裙，確實比較暴露身材缺點。

「她愛穿什麼都行，但我說的是真話啊，」他無奈地總結，「她不聽我的真話，倒是很聽網路上那些亂七八糟的網友留言。明明瘦一點更健康，卻被什麼拒絕身材內卷洗腦；明明不化妝也好看，卻相信什麼可愛在性感面前一文不值。」

他唉聲歎氣，我連忙勸慰他，他的女友並非個例，也不是無理取鬧，只是不知不覺被別人帶偏了。

很多女孩本身對美沒有概念，更談不上焦慮或內卷，但她在工作、生活或戀愛的圈子裡，會接觸到很多同性，性別帶來的共鳴感和親密感，是哪個男朋友都無法取代的。

那些同性會自然而然地成為她的引路人，從穿衣風格到口紅色號，她自己原有的關於美的全部認知和理解，都會被打碎，然後重建。

在這個過程裡，有的女孩會認識和瞭解自己，堅持做自己；有的女孩則會亦步亦趨，被惡意或善意裹挾著，遭受外貌暴力而不自知。

女孩們有多在乎同性對自己的外貌評價呢？

我認識一個美妝網紅，粉絲近百萬，業配接到手軟，這當然離不開美貌的加持。她身材高挑，既不是時下流行的骨瘦如柴，也絕非豐腴，勻稱而窈窕，配上一頭長捲髮和鵝蛋臉，很有幾分香港女演員的風采。

毫不誇張地說，每一次再遇見她，我都有驚豔之感。她當然也深知自己的美貌，時常在網路上曬美照，發些小短片，以此作為漲粉的工具，畢竟誰不愛看美人呢？

但她很快發現一件有意思的事，除了粉絲誇讚，還總有一些陌生人湧到她的粉專吵嚷：「不會只有我一個人覺得版主長得一般吧」「建議版主做做美白療程，黃皮膚不太適合港風妝容」「版主的穿衣品味真的普通」。

她起初還挺生氣，一個個去翻那些留言的主頁，後來習以為常，漸漸琢磨出自己道理：她算是公認的美女了，現實生活中很多人追捧，從小到大也不缺自信，但即便這樣，三不五時地被這些留言洗腦，她偶爾也會懷疑自己，我不會真的普通又自信吧？我要不要試著美白？

她感慨道：「我算是明白了，為什麼會有那麼多女孩子跟風整容，這種外貌批評像洗腦一樣，真的很容易影響人。」

「你穿高跟鞋更好看」、「你不適合這個口紅色號」、「方領衣已經過時了」……類似的話語是不是很常見？看似沒有惡意，卻無時無刻不在綁架女孩們的外貌自由。

而且這種綁架往往發生在同性之間，出於「雌競」的嫉妒也好，出於愛屋及烏的模仿也好，我們不自覺地喜歡對其他女孩進行指點，大到容貌體型，小到妝容配飾，哪怕是出於好心，其實也是一種居高臨下的暴力。

尤其是摻雜了個人情緒以後，這種暴力很容易誤導當事人，讓她從裡到外對自己不自信，產生容貌焦慮和身材焦慮。

這就是一種霸凌。

不同於大美女，普通女孩們在成長過程中缺少自信，也缺少對美的認識，一旦有同性倚仗年齡優勢、行業優勢或外貌優勢對她品頭論足，她很容易屈服，並願意開啟漫長的實踐。

然而在這個實踐過程中，不是所有落在她身上的意見都合理或適用，有些可能是中傷，她如果不能分辨清楚，沒有形成堅定的自我肯定，一味迎合外界的審美，就會落入陷阱，再也找不回屬於自己的美。

事實上，如果你曾留心，就會發現身邊越是公認的美人，越是不服從美的「規則」。

那些規則都是人造的，是無數追求美的女孩們，從前赴後繼的摸索裡總結出的經驗，但有人就是棄之不用。

什麼流行色，什麼黃金比例，她們不關心自己是單眼皮還是雙眼皮，也不理會暖黃皮和冷白皮的差異，她們穿衣打扮都只憑個人喜好，任憑其他女孩恨鐵不成鋼地惋惜，或是苦口婆心地建議，她們聽聽就算了，從不上心，堅持做自己。

這樣的女孩，即使五官沒那麼精緻完美，但她絕對有屬於自己的味道和光彩。

GiGi 是職業模特兒，這兩年在業內漸漸有了名氣，每天都有粉絲跑到她粉專下告白，誇她氣質清冷，又讚她身材瘦削，披塊麻布袋都比別人有高級感。有時候她參加綜藝節目，和男明星傳出點捕風捉影的緋聞，粉絲們都哭天喊地，一個個嚷著男明星不配。

「我長什麼樣，我自己還不清楚嗎？我可不會被他們洗腦。」GiGi 把這當笑話講給我們聽，她說，「我天生就長這樣，以前流行什麼甜妹、御姊，可沒有誰說我氣質好。那時候還有人勸我整容呢，笑話我是『太平公主』，我才不管他們。」

這些粉絲大多是女孩子。有意思的是，男性反而不會如此細膩地對女生品頭論足——當然也有，但我們並不在乎，也不信服，因為對女性而言，男性在審美這件事情上不具備權威性，所以也就不具備發言資格。

可惜的是，這種心態放到同性身上就不成立了。每個女孩都喜歡以己度人，站在自己的審美點上，熱情到過分，為另一個素不相識的女孩出謀劃策，而那個女孩收到回饋後，會習慣性地反思自己。

試想一下，你在社群軟體發了漂亮的自拍，有女網友留言說，「這件裙子襯得你膚色有點暗」，你當時的好心情是不是一掃而空？雖然你暗暗在心裡辯解「也挺好看的」，但你下次打開衣櫃時，會潛意識地避開那件連身裙。

你看，來自同性群體的評價，真的會無聲無息地影響我們，但如果你選擇盲從群體的審美風向，也並不是萬無一失的，它隨時在變，你便需要隨時推翻自己的審美，一次次重塑。

這個過程很累，也極具傷害性，每次跟隨外界的標準來調整自己，都是巨大的精神內耗，費時費力。

任何人都不應該成為美的權威，也不具備指導你的資格。你就是你，你只有不去迎合任何人的審美，擺脫外界對於美的通俗定義和綁架，才能獲得外貌自由。

Chapter

2

愛情最好是月亮

你對著月亮走很久，好像很近了，
其實它還隔在雲端，只是假裝朝你亦步亦趨；
你努力想去撈月亮，合上手掌，好像捉住了，
其實它仍高不可攀，只是假裝向你俯首貼耳。
月亮，只是一種浪漫的投射，你的愛情也應當如此。

愛情是什麼？

培根說，愛情常是喜劇。

我們主動相愛，很多時候，就是因為貪圖快樂：他的笑容點亮了那些平凡的日子；他的陪伴讓所有旅行和景點變得有意義；他的隨口一句話，能放置心上很久，釀成甜蜜的青春。

但是快樂裡其實也會有悲傷，比如白頭到老的誓言，往往會落空；比如相見恨晚的綢繆，慢慢在消退；比如見異思遷的故事，永遠無止境。

杜拉斯說，愛是疲憊生活裡的英雄夢想。

我們渴望浪漫，渴望在這座城遇到誰，然後追上去，詢問姓名，開啟故事，因為你看到他行色匆匆之下，燃燒著與你相同的熱焰。你需要抓住他，以心跳，以淚水，以爭吵或擁吻，來抵抗生活的煙熏火燎。

但是浪漫裡其實也離不開現實，一屋兩人，三餐四季，當愛情過渡到婚姻，柴米油鹽醬醋茶就全部攤在了眼前。

張愛玲說，愛是時間的無涯的荒野裡，沒有早一步，也沒有晚一步，剛巧趕上了。

我們相信緣分，天時地利人和，才堪成就一段花好月圓。有的人很好，但你偏偏不喜歡；有的感情銘心刻骨，可惜蘭因絮果；有的心動細水長流，等到驀然回首，悔之晚矣。

但是緣分裡其實也藏著努力，千萬次的擦肩只為換得回眸，如果真的邂逅所愛，哪怕隔著山海，傾盡餘生也要一試，明知是錯，絕不躲。

你看，愛是實用品，是消遣品，也是奢侈品。

但我想，愛情最好是月亮。

月亮多情又絕情，多變又不變，多心又無心。

你對著月亮走很久，好像很近了，其實它還隔在雲端，只是假裝朝你亦步亦趨；你努力想去撈月亮，合上手掌，好像捉住了，其實它仍高不可攀，只是假裝向你俯首貼耳。

月亮，只是一種浪漫的投射，你的愛情也應當如此。

那個人是錯的，
但那段關係是最美好的曾經

前任也曾是對的人，
是你的青春，是你的社交圈，也是你的戀愛教材，
哪怕有可能是反面教材，但也會助你奔向更好的人。

你過得幸福也好，落魄也罷，
總會在生活的碎片裡，恍惚想起過去，
而那個人，
就是那段過去的點睛之筆。

有人說，一個合格的前任，就應該像死了一樣，不要再出現，更不要再有交集。

真的是這樣嗎？

前任也曾是對的人，是你的青春，是你的社交圈，也是你的戀愛教材，哪怕有可能是反面教材，但也會助你奔向更好的人。

我始終記得二十歲時候的那個前男友。

回想起來，不過是最普通的校園愛情，只記得故事的開頭猝不及防而又美好，和女生宿舍樓下的白玉蘭有關，和馬路邊一盞一盞亮起來的路燈有關，和咖啡館頂燈投下的美麗暈影有關。後來，故事戛然而止，充斥著俗氣的爭吵和疏遠。在那天下午，我拿起手機反覆猶豫，想著要不要乾脆俐落地分開，這時候，手機響了，他發了一封簡訊說：「我們各自冷靜一陣子吧。」

我清楚地聽到，窗外鼓噪的蟬鳴一下子靜默，夏天就此結束。

如果是現在的我，當然能夠冷靜面對，畢竟分手只是小事，誰先開口並不重要。但二十歲左右的我咬牙切齒，把前男友視作洪水猛獸，電話封鎖，禮物退回，在路上遠遠見了也掉頭就走。我甚至對共同的好友放話：「以後別聯繫了，我不想從任何人嘴裡聽到他的消息。」

為了什麼呢？大概是為了身體力行地證明我也同樣不愛你了，我絕沒有糾纏留戀的意思；是為了給旁觀者一個灑脫的印象；也是為了和自己的虛榮心較勁，憑什麼是你來說分手？我要讓你後悔，讓你明白自己失去了一個多麼好的人。

小說和電視劇裡不都是這麼演的嗎？女主要毫不猶豫地轉身，最好消失在茫茫人海，等到男生後悔，乞求原諒才有意思呢。

這種微妙的計較，也許年輕人都曾有過吧？

我們對前任死守嚴防，大概是源自淺薄的虛榮心。其實，我對你沒有深仇，也沒有厚愛了，做朋友不是不可以，是我想最後擺一次架子，這樣才顯得我在感情裡沒有輸，不是弱勢的那一方。

事實上我很後悔，因為這個前男友，我失去了很多本可以擁有的快樂，比如我們在同一個社團，我只能硬著頭皮退出，放棄自己的興趣和一大群同好。多年後，有老同學還在耿耿於懷：「你那時候怎麼回事啊？莫名其妙就消失了。」

哪有什麼不共戴天的事呢，小女生的矯情罷了。

當然，前男友之所以尷尬，還因為你的現任男友。

有些女孩可以心平氣和地分手，也可以若無其事地繼續做朋友，但她們招架不住現任男友的介意——說來奇怪，大部分男性在愛情裡都戀舊，卻偏偏介意女友有前任，或許，正是他們自己喜歡藕斷絲連的把戲，所以將心比心，很明白有些前男友的以退為進，這才忌憚女友回頭聯繫舊人。

而女生們呢，未必有什麼破鏡重圓的想法，把男友變成了朋友，為照顧現任的心情，只好朋友也不做了。

我認識雅子的時候，她就正在為前男友焦頭爛額。

這對情侶分手很體面。他們算少年相識，一路走來，眼看著彼此從花樣年華變成大人的模樣，早已不僅是青春期的悸動，還有朝夕相處的默契和風雨同舟的陪伴。

分手的原因也很簡單，大家心照不宣，「那張臉太熟了，已經沒有親下去的想法」。雅子說，他們很心平氣和地談了一次，然後決定分手，因為餘生太長了，雙方都不想繼續裝聾作啞地糊弄下去。

他們依然有來有往，因為還有事業上的合作，兩人聯名開了工作室，雅子漂亮活潑，拍些甜寵小短劇，粉絲的反應不錯，也算有名有姓的小網紅。她只負責出鏡，拍攝、剪輯、行銷和管理，基本上都是前男友在打理，她並不猜忌他，他也赤誠待她，分手以後從未有什麼金錢糾紛。

雅子很快新交了男友，是年輕的弟弟，熱情而幼稚，總為了她的前男友生氣，次數多了，兩人就開始吵鬧。鬧到最後，還是雅子退步，只好拿了錢和前男友拆夥，停更這經營多年的短影音帳號。

前男友勸她：「你的事業正在擴展，停了可惜，我可以去向你男朋友解釋，我們就只是同事。」雅子也猶豫，但男友從疑神疑鬼到冷戰，再到放狠話，讓她覺得錯的人似乎是自己——沒有人能夠忍受女朋友和前任聯繫吧？她既然放下了過去，終歸要做取捨的。

就這樣，她把前男友連同他的資源一起割斷了。後悔嗎？看到前男友的事業蒸蒸日上，她或許有過遺憾，有過落寞，也有過後悔吧。

除非前男友予你至悲至痛，實在是不堪，否則，你沒有必要避前男友如蛇蠍。現實中，哪有那麼多念念不忘的白月光，或是車禍、流產、意難平，更多時候，我們的愛情就只是平平淡淡地結束了。

因為畢業、異地、父母、買房子等諸多柴米油鹽的現實，我們唏噓而又理智地告別，很快又遇到新的人，開始新的生活。

你過得幸福也好，落魄也罷，總會在生活的碎片裡，恍惚想起過去，而那個人，就是那段過去的點睛之筆。

聰明的女孩都不會避開前任，更不會擔心現任介意，相反，一味地否定前任存在，才是做賊心虛和不理智。

柳如是就是一個很好的例子。

柳如是色藝雙絕，是秦淮八豔之一，在嫁給錢謙益之前，和不少江南才子都談過戀愛，最有名的當數和陳子龍的一段情。他們曾經愛得高調而甜蜜，寫過很多情詩，也秀過很多恩愛，但最後還是分手了，因為陳子龍沒辦法迎娶一個妓女進門。

柳如是飽受情傷，但她從沒有避諱或者詆毀過陳子龍，正是因為和他交往，她才從一個不知亡國恨的商女成長為一個愛國奇女子。她和他依然是朋友，書信往來，共同在反清復明的道路上奔走，柳如是甚至還撮合錢謙益和陳子龍認識，促成兩人合作。

其實，不用刻意去遺忘前任，就把他靜靜放在心裡的某個角落吧。戀愛結束了，但回憶是永恆存在的；那個人是錯的，但那段關係是美好的曾經。

把前任偶爾翻出來想念，有何不可呢？不是因為現任不好，也不是因為你舊情難忘，只是時光如流水，匆匆不回頭，每個愛過的人，都像一張老照片，他們身上封存著少女的青春啊。哪怕無法繼續相愛，也可以換種方式，讓關於青春的記憶保留。

分手以後，即便不再做朋友，也可以當個人脈，這才是成年人的圓融和智慧：沒有必要和一個愛過的人撕破臉，那個人明明可以是你一地雞毛裡的念想和回味，可以是你往上走的階梯。

與其把他當亡人，不如把他當成你年少刻舟求劍時的那艘船，有了它，才更懂今時今日的自己。在某個天氣晴朗的午後，大家出來見個面，不談風花雪月，哪怕吃頓便飯，就已經是一場讓人愉快的懷舊了。

不是所有的愛情都純粹，摻雜了欲望的愛情也是愛情

你看，愛一個人，
有時候就像是一本萬利的投資。

當然，這裡面有犯蠢的，但也有很多女孩是投資失手了。
她不是蠢，也不是為男人要死要活，
只不過是買了一支投報率極低的潛力股。

我曾經以為這是愛情，
後來才明白這是一個女性的野心。

很多愛情都是投資。

最近，朋友圈裡很是熱鬧，因為一對戀愛長跑多年的朋友分手，而且分得非常不愉快，雙方各執一詞，爆出了許多祕密。

我這位男性友人事業小成，當然，在發跡之前，有過一段落魄光景，那時候，連他爸媽都不甚搭理他，因為惱恨這個兒子不聽話。偏偏有個跳舞的少女，愛慕他滿身才華，噓寒問暖間，成就了愛情故事。

他倒也爭氣，自己折騰著開公司，如今規模不小，手底也養著一票人，鮮花和追捧接踵而至，人前人後都是一派儒雅。沒想到，少女卻和他鬧翻了，把從前的舊賬翻出來，當眾抖得乾乾淨淨：她毫不吝惜地花錢，買衣服、買鞋給他；她辭了工作，當他的保姆、後勤和免費工人；她默默地忍受父母的反對，為他受盡委屈，把自己傷得體無完膚。而他呢，仿佛厭倦了舊人，在花紅柳綠中遊走。

少女手撕渣男，甚至貼出了兩人的聊天記錄，男方自然也反擊，道出許多不為人知的戀愛細節。大家看得義憤填膺，怎麼能不生氣呢？人家少女花樣年華，事業正好，只為你，甘願洗手作羹湯，費錢費力還費時，就算犯過錯，你連名分都不願給了，實在薄幸。

渣男固然可恨，這樁鬧劇背後，卻有更值得深思的意味。

人人都說，少女何苦要放棄工作，甘願做他背後的女人？自己搞事業不香嗎？其實，男人不可靠，如今的女孩們早已經深諳這點，她們比網友更明白愛情的變幻無常，大道理講得比誰都透徹。

那她為什麼還是犯錯呢？

在我看來，這不是犯錯，而是很多女孩必經的愛情之路——我愛你，這愛名為「奇貨可居」。難道她不知道靠自己更穩妥嗎？可是太難了呀，她一眼就能看到自己的人生天花板：學歷不高，家境普通，又毫無人脈，說是舞蹈生，但不是什麼天賦型選手，耗盡全部努力也沒啥成績，何時能熬出頭呢？她這樣的舞蹈生太多了，她清醒著，所以寧可找一個男人來投資，也好過白白跟自己較勁。

什麼？你說這個男人最後翻臉無情？她運氣確實不太好，但這個選擇並不愚蠢，想想看，她其實成功了不是嗎？親手打造了一個公司總裁，哪怕最後鬧得難堪，所獲的利益和名聲也是從前望塵莫及的。

你看，愛一個人，有時候就像是一本萬利的投資。

誰都知道「不要下嫁」「遠離扶貧式婚姻」（指男女雙方門戶不相當，無條件地為另外一個人付出），「嫁人別嫁鳳凰男」，但世上哪有那麼多如意郎君？好物永遠不會滯銷，擇偶也是如此，對大部分女孩來說，她們能挑揀的物件有限，要在這些人裡面，綜合評估感情、經濟、品性等要素，再選出一個最適配的答案，整個過程都有賭的成分。

就像老歌裡唱的那樣，「夢如人生，試問誰能料，石頭他朝成翡翠。」人世翻覆尚且如此，充滿未知的苦與甘，更遑論愛情？所以，每每目睹遇人不淑的故事，旁人總有些恨鐵不成鋼，要戳著女孩的痛處罵：你為什麼戀愛腦？沒有男人會死嗎？你圖他什麼？

當然，這裡面有犯蠢的，但也有很多女孩是投資失手了。

她不是蠢，也不是為男人要死要活，只不過是買了一支投報率極低的潛力股。

我記得少時愛聽《紅鬃烈馬》，那是很老掉牙的故事了。相府千金王寶釧，不嫁王公貴族，偏選中乞丐出身的薛平貴，跟著他吃糠嚥菜，苦守寒窯十八年。更讓人唏噓的是，薛平貴一朝富貴，做了西涼的王，後又自立為帝，迎王寶釧為皇后，而她只享受了十八天的尊榮，隨即不明不白地死去，只落個福薄的名聲。

多少人曾替王寶釧不值，半生韶華盡錯付，千挑萬選卻嫁了負心郎。但易地而處，這是王寶釧的不二之路，哪怕她知道結果，她還是會選擇薛平貴。

我曾經以為這是愛情，後來才明白這是一個女性的野心。

她要的從來不是舉案齊眉——如果只是想過得舒心，她嫁誰不行？相府千金，要配個一輩子捧著她、哄著她的郎君很容易，但她不要這些。她要人上人的顯赫；要妻憑夫貴的佳話；要逆襲而上，打所有看客的臉。

你看《彩樓配》這齣戲裡，王寶釧是這麼唱的：「夜夢紅星事有准，莫非應在了此人的身。」她夢見斗大的紅星墜落在閨房，自認是吉兆，思來想去，她一個女兒家無法博功名前程，這豈非暗示她能嫁人中龍鳳？

她生在相府的錦繡叢，怎會甘心嫁凡夫俗子？她大姐嫁了戶部尚書，二姐嫁了兵部侍郎，這個姑娘的內心未嘗不焦灼，她的欲望只會比兩個姐姐更大，要想實現也更難，除非她當皇帝的後妃，牢牢壓姐妹一輩子，但太后收她做義女，絕了入宮的路，她這才膽大心細地上了賭桌。

她不是隨便挑中薛平貴的，「看他不像受苦人：兩耳垂肩貴相品，龍眉鳳目帝王尊。」她就像一個賭徒，篤定這個男人將來會飛黃騰達，所以甘願忍受清貧，甚至與父母決裂，隨他入寒窯——她不得不如此，買定離手，前面投入越多越大，後期的回報就越豐厚。

時至今日，依然有人為王寶釧鳴不平，但我想，在她自己看來，她的一生是求仁得仁，雖說只做了十八天的皇后，但這十八天，是天下女子都望塵莫及的機遇。再也不會有誰嘲笑她相府三千金婚事落魄，只會讚她慧眼識珠。

王寶釧不是第一個把婚姻當投資的女孩，也不會是最後一個。誰說愛情裡不能藏著虛榮呢？

有人視愛為珍寶，有人視愛為糞土，當然就有人視愛為籌碼，博個現世安穩。

有人會質疑，這還是愛嗎？她分明是待價而沽，把可望不可及的未來，託付在他身上。

《紅樓夢》裡，寶姐姐也是待價而沽，才將一顆芳心落在賈寶玉身上，把他當成入宮不成的備選。但也不能說寶姐姐無情，寶玉挨打那回，向來冷靜自持的她不也心疼？寶玉出走，她獨守空閨半輩子，教兒子光耀門楣。

不是所有的愛情都純粹，摻雜了欲望的愛情，也是愛情。

我並不是鼓勵所有的女孩都去用婚姻博弈，或者慫恿女孩放棄一眼望到頭的歲月靜好，去賭不可知的未來。再厲害的賭徒，上了桌，都得承擔輸到精光的風險，這個過程並不好受，運氣差的話，你選中的男人還會帶來滅頂之災。

但我們不能因此嘲笑這種愛情觀，也不能拿失敗的結局來譏諷女孩心比天高，或是譴責她識人不明。

上嫁要吞針、攀龍附鳳要吞針、豪賭要吞針，但有的女孩寧願吞一千根針，也不肯一屋兩人三餐四季地過日子。

那都是甲之蜜糖，乙之砒霜罷了。

不要苛責，愛情裡亦有虛榮，把少女的心動當成孤注一擲，亦是個人選擇。若她贏了，光鮮裡自有風雨磋磨的辛酸，擔得起旁人送上鮮花與豔羨；若她輸了，當然要獨自嚥苦果，看客們唏噓幾聲也罷，實在不必嘲諷。

月光不會奔你而來

在愛情裡，矜持並不算美德。
你愛他，就要主動走向他。

天邊只有一輪月亮，
那麼多少女甘願為之守候，
你不邀月，它緣何只奔向你呢？

「我當然不會試圖摘月，我要月亮奔我而來。」

奧黛麗．赫本的這句話，被許多女孩奉為金科玉律，尤其是在面對愛情時，她們都異口同聲地說：愛是月亮呀。

愛是月亮，不是實用品，所以它高高掛在天邊，讓你仰之彌高、鑽之彌堅。而你愛慕的那個人，如同月色下的一樹花，白花綠葉，誰都可以去攀折，但你絕對不可以，你一次次從樹下經過，期待落花拂肩，香氣侵衣，入你懷中。

太難了，難怪大家口耳相傳：前世回眸五百次，換來今生一次擦肩而過。如果我們只是等，那更是難上加難，愛情不會像熟透的蘋果，在某個剛好的時機，從枝頭奔向你。

說來說去，主動才會有故事。

我經常收到很多私信，有些情竇初開的少女，會患得患失地試探：「他到底喜不喜歡我」「我主動發訊息給他，他會不會覺得我廉價」「我這算女追男嗎」……那些五花八門的糾結，其實都在說同一件事，她們芳心暗許，喜歡上那個人，而那個人沒有回饋出同等的熱情，這讓她們進退兩難。

進，她邁不過心裡的失落感，她不願意去承認：在我已經為你輾轉反側的時候，你並沒有對我另眼相看，所有心動，都只是我的獨角戲。

退，她又放不下貨真價實的悸動，第一眼就看中的人，怎會甘心輕易把他放回到人群中去？

每次遇到這樣的境況，我都鼓勵那些女孩們：喜歡就去追！

他為什麼不打電話給我？他為什麼訊息回得不很熱情？他為什麼沒有按我讚？很簡單，他還不喜歡你啊。

連最傻白甜的電視劇也會告訴我們，愛情的發生是不同步的，哪怕帥氣多金如男主角，一眼愛上女主，女主也不會立刻燃起愛火，需要天長日久的相處和考驗。

對我們來說，最理想的愛，當然是你中意對方，對方也對你有情，但這種天時地利的緣分，在現實中發生的機率其實很低。

你愛他，就要主動走向他。

我聽過最可惜的故事，也是來自網友私訊。

有個女孩說，她剛參加完同學的婚禮，新郎是她暗戀多年的人，新娘她也認識，是同校的小學妹。

她實在想不明白，為什麼他最後選了這樣一個人。因為在她看來，他太好了，從頭到腳都在發光，從新生入學開始，他就始終是女孩們的熱門話題：帥氣、聰明、能幹、高冷，每個和他有關的標籤，背後都藏著一個少女的愛慕。

小學妹不是不好，可是他的選擇有那麼多，他到底喜歡她什麼呢？那個女孩耿耿於懷，試圖從蛛絲馬跡裡找到答案，而小學妹似乎知道，自己的新郎是很多女嘉賓的白月光，她很大方，在新娘發言時坦承：「你們一定很好奇他為什麼娶我，我也很好奇，我問他，肯定有很多女生追你吧？你怎麼選了我？他說，只有我追得最勤快，在任何他需要的時候，我好像一直跟在他屁股後面。」

現場發出善意的笑，女孩笑著笑著，眼眶就紅了，說不上是釋然還是遺憾。

她在心裡忍不住幻想：要是那時候，我能夠更主動一點，今天在他身邊的人，未必不是我。可是，當時少女的自尊心是多麼脆弱，又多麼龐大啊。當他沒有及時回覆訊息，當他拒絕了吃飯的邀約，她就沒有勇氣再堅持了，深恐自己的不識趣招來對方厭煩，也害怕自己為愛昏頭，把尊嚴踩在腳下，搖尾乞憐而不自知。

這沒什麼意難平的，畢竟他定有過人之處，才讓女孩們念念不忘。

他或許是校園裡穿白襯衫的校草，是公司裡英俊的上司，是偶然一面的男神，周圍有太多愛慕了，那些愛慕將他鍍金成「神」。

他不愛你，所以能夠無動於衷，端坐蓮花台。要不怎麼說先動心的人容易受傷，因為這段追愛之路不好走，但只要你勾起他七情六欲，讓他為你傾心，他的愛便為你所獨有。

在愛情裡，矜持並不算美德。

我們常常惶惑，女孩在愛情裡是否不宜太主動。事實上，判斷主動的標準並不是誰聯繫誰、誰約誰，而是想不想要推進這段關係；或者當這段關係遇上問題，有沒有積極地去解決問題。

他表現得沒有那麼熱絡，是因為他根本沒有動心，是你先入愛河，當然要你先出招，拉著他一起下水。如果你們建立關係以後，他依然被動，那才要討論尊嚴的問題。

天邊只有一輪月亮，那麼多少女甘願為之守候，你不邀月，它緣何只奔向你呢？

於是，奧黛麗．赫本又說：「可是月亮奔向我而來的話，那還算什麼月亮。我不要，我要讓它永遠清冷皎潔，永遠都在天穹高懸，我會變得夠好，直到能觸碰它。」

因為她是奧黛麗．赫本，那麼久了，電影圈也只有一個奧黛麗．赫本，所以她可以坐等男神主動下凡。即便如此，她還不稀罕，她說要把自己變得更好，要自己動手去摘月亮。

這番漂亮話，我們聽聽就罷。對大部分女孩而言，時間成本是很珍貴的，我們沒有那麼多機遇來蹉跎。儘管我們都被教導著「把自己變得夠優秀，才能遇到更好的人」，但你會發現，當你耗費許多時間，真正能接納和欣賞自己的時候，你的月亮已經落入別人囊中了。

愛人畢竟不同於月亮，月亮永遠在那裡，你可以花一輩子的時間靠近；而愛人是會被別人抱回家的。你尚且在躊躇，想著讓自己更好，才能匹配你的月亮，而早就有人捷足先登，冒失而又勇敢地衝上前了。

「夠優秀」本身就是個偽命題，你到底哪裡不夠好？只是近鄉情怯，愛天然會讓人自卑，照得自己哪兒都是缺陷。你以為你賺得更多、學歷更高，就能匹配了嗎？他在你努力的時候，難道止步不前嗎？

男神之所以永遠是男神，因為他正如吊在驢子眼前的那根紅蘿蔔，永遠吊你胃口。

不要想等你準備好了，再去愛一個人，太遲了。你沒有發現嗎？市面上所謂的「剩女」們都很優秀，因為她們花了很多時間精進自己，從外貌到工作，再到經濟自由，可是等到她們終於能夠認可自己，能夠坦然地追愛，市面上的好男人早就被收割完了。

當然，在愛這件事上，男女都一樣。

我以前最愛看民國那些才子佳人的故事，每次讀到費孝通，多少都覺得唏噓。他不優秀嗎？

精通社會學、民族學、人類學，也是著作等身，但他覺得自己不夠優秀，明明喜歡楊絳多年，卻連表白的勇氣都沒有，只敢虛張聲勢地對著那些追求者說：要想追楊絳，得先過了我這關。

他大概是自卑吧，自己性格內向，在人群中也不亮眼，而她呢，以洋囡囡的綽號聞名全校，據說追求者有孔門弟子七十二人之眾。他始終圍著她打轉，跟她考同樣的大學，還沒等他變自信，她就遇到了錢鍾書。

在才子佳人的愛情傳奇裡，他淪為一個不起眼的配角。

愛是不自由的自由，是不強求的強求，如果你要做追月亮的人，你就不能止步原地。

我愛你是真的，不愛你也是真的

談戀愛是要帶上預設的，
你要明白愛情是個多麼狡猾
又多麼不講道理的NPC（非玩家角色）。

要去愛，但不要相信愛，
它是有時限的，頃刻能翻臉。

我始終不能忘記，第一次讀到灰姑娘的故事，深深為她擔憂的心情。故事聽起來美好而浪漫。飽受後母欺凌的少女，因機緣巧合，得到仙女垂青。在王子選妃時，後母拋下她，帶著兩個親生女兒赴宴，而她暗中向仙女求助，穿著公主裙和水晶鞋，乘坐南瓜馬車，華麗而隆重地登場，只一眼，就俘獲了王子的愛情。

少時的我，每每看到這裡，都特別害怕——舞會那麼璀璨，王子的目光那麼癡迷，可是午夜十二點要來了呀，所有美好將化為烏有，她會瞬間回歸到灰姑娘。

那個鐘聲敲響的夜晚，永遠留在了我的記憶裡，而那只倉促留下的水晶鞋，仿佛童話世界的破綻，撕開了一則真相：

> 世間好物不長久，翻覆只是頃刻事。
> 什麼都沒有例外，愛情尤其如此。

有段時間，網路上流傳著一個很夯的故事：女生和男友相愛多年，從本科到碩士，他們看著彼此褪去青澀，熬過異地戀，開始談婚論嫁。女生在男友所在的城市買了房，然後是見家長，挑婚紗，訂婚期，只等一場夢幻婚禮，為愛情長跑畫上甜蜜的句號。

但就在這個時候，女生發覺了男友的心不在焉。

他依然每天對她噓寒問暖；依然和她討論新家的裝修；依然會三不五時地準備小驚喜，過甜蜜的二人世界；依然笑話她不該另外買房子，顯得很不信任他。可是，在這些溫柔的碎片裡，還夾雜著他對別人的體貼：他多了很多可可愛愛的表情包，他開始頻繁和別人聊天傾訴；他在買出差禮物給她的時候，不忘順便多買一份。

最後擊潰那個女生的，是30秒鐘。她吹滅蠟燭，閉上眼睛許願，他在身邊陪著，就在那30秒裡，有人發簡訊給他：圖書館停電了，我很害怕。

她說：「我不知道他那30秒裡到底在想什麼，是想著以後歲歲年年陪我過生日，還是擔心她在圖書館會害怕。」

他愛她嗎？當然。她是他青春的情竇初開，又乾淨又細膩。哪怕時間消退了最開始的臉紅，也仍有濡沫交接的親密，就像年輕時用同一根吸管喝奶茶，淡淡甘味早忘了，但口齒上永遠留著溫存。

他愛別人嗎？也愛，那些密切的分享欲，都超出了普通朋友的邊界。他把同樣的耐心、體貼和關心，從女友那裡複製貼上給別人，遊走在紅白玫瑰之間，甚至不自知。他以為，他繼續對女友好，就不算辜負，卻不知道任何女友想要的，都是他只對一個人好。

你看，愛情分明是好東西啊，點亮整個青春，想起那個人，就讓你嘴角泛著笑，但他卻能隨時愛上別人，就像愛你那樣。

我知道另一個故事。

那個時候，我還留在媒體行業，認識一個女孩子，她剛畢業沒多久，單槍匹馬北漂，據說放棄了很好的工作機會，還和家裡鬧翻了。

她是來投奔自己的愛情的，不，確切地說，是暗戀對象。她暗戀的那個人，瘦瘦高高，留寸頭，背著一把吉他在各種校園活動中表演，就像從言情小說裡走出來的校草，是所有女生的睡前話題。

她在台下看表演，風把他的白襯衫吹成雲朵，然後慢慢飄進她眼裡、心裡。她說，她的青春仿佛從那一刻才開始。

校草要追逐自己的音樂夢，而她則追逐著校草：翹課去看他的樂隊排練，大熱天的幫他發活動宣傳單，存錢送他新樂器。他去北京，簽了不知名的公司，她緊隨其後，當他的助理。

後來，他們在一起了。校草對她很好，為她學做飯，寫情歌給她，在房地契上寫她的名字，也大大方方牽著她在鏡頭前露面，仿佛要彌補從前她唱的獨角戲。在魚龍混雜的圈子裡，這已然是叫人稱羨的模範情侶，但她非常突然地提了分手，即便他們的事業越來越好，校草也苦苦挽留，她還是不為所動，甚至收拾行李，俐落地離開了北京。

她私訊問我：我是不是一個壞女人？

他沒有做任何錯事，但她不愛了。愛情的消逝猝不及防，就像愛情的發生也毫無徵兆。可能是日積月累的嫌隙與傷害，慢慢磨滅所有心動，然後以某件事、某句話為導火線，讓那段關係徹底崩斷；也可能是沒有緣由地放下了，在某個時刻，你對著那張熟悉的臉，恍惚如陌生人，發覺所有情緒都好似被抽離了，再也提不起勁兒。

愛當然是好的，熾熱如火，我們在火裡體會到溫暖，也煆燒出更好的彼此。但說來荒謬，誰也不知道這把火能燃到何時，或許一下秒，它便冷卻為灰燼。

我愛你是真的，不愛你也是真的。

我常常在想，很多時候，我們關於愛情的痛苦，都是源自一種片面的認知：愛是世間至美，是永生花，是詩。

不，愛是有缺陷的，它變幻無常，又喜新厭舊，還有得隴望蜀的毛病。無論男女，人對異性的喜歡，並非是精確到一對一，沒有排他性，愛情真的會在多個物件身上同時發生，也真的會隨時喊停。

所以，當我們在愛的時候，不要因此而痛苦——很多女孩談戀愛，是一局定勝負的心態，她們嘗到了愛情的甜，就順理成章地認為，這份甜是終身制的，一旦對方抽身，她們的世界便無法運轉了。

她們痛苦、挽留，甚至自殘，帶來傷害的除了男人，還有對愛的信念的崩塌。

談戀愛是要帶上預設的，你要明白愛情是個多麼狡猾又多麼不講道理的NPC。它前一秒還和顏悅色，手把手帶你體驗約會，下一秒可能就翻臉，讓你遭遇劈腿。

如果那些不幸和痛都像隱形地雷，可能你不一定會碰上，但你一定要知道，只有這樣，當你真的栽跟頭時，才不至於哭到懷疑人生。

對大部分女孩來說，我們得到的關於愛的教育匱乏而倉促，要麼是言情小說裡的浪漫橋段，要麼是大人們身體力行的刻板印象。我們懵懂著，又還有些許憧憬，自少時起就被叮囑，愛需要嚴肅對待，所以分手、離婚都不是小事，會被拿出來討論，會涉及顏面。

我們還會被告知，愛是所有詩人謳歌的主題，愛美而神聖，但沒有人補充說明，愛也可以是氾濫成災的，是短暫的。

所以我們根本走不出分手，不相信愛情的消失，也不能接受自己竟然能愛第二次，因而深深厭棄自我。

這些愛的謬論，都曾經折磨過每個青春期裡的少女，好似鞋子裡的沙礫，隱蔽而痛苦，卻又不能公之於眾。甚至有些女孩的初戀比較晚，她們純情而潔白，在職場邂逅人生第一次戀愛，投入全部的信任，跌得更重，傷得更痛。

要去愛，但不要相信愛，它是有時限的，頃刻能翻臉。

每個女孩都應該把自己當灰姑娘，遇上愛情，就如同參加那場盛大的晚會。你可以盡情沉迷，享受公主裙和水晶鞋帶來的快樂，坦然接受王子的愛慕，翩翩起舞，遊走在所有人的目光裡。但你定要牢牢記得十二點，任憑旁人怎麼獻殷勤，也不能忘了期限。

遇上愛的時候，我們偏偏對愛一知半解

愛，不是被動，不是他索取，
我就要給予，亦步亦趨地被帶進一段關係；
愛，不是配合，不是他覺得這樣好、別人覺得這樣好，
我就要去做，耗費許多精力，卻沒有享受到快樂；
愛，不是失去自己，不是他的喜怒哀樂才叫喜怒哀樂，
你的情緒和感受也很重要。

我始終覺得，在所有愛情童話裡，青蛙王子的故事最缺少情味。漂亮驕矜的小公主，在戲耍時丟失金球，青蛙提出幫忙，但要求和她同衾同食，做她的好朋友。公主應允了，卻在拿到金球後反悔，獨自跑回王宮，緊接著就受到國王的訓斥，還被趕來的青蛙癡纏。

在爭吵中，公主發現青蛙被詛咒的祕密，她獻上一吻，讓青蛙變回了王子。

故事實在不浪漫，小公主幾乎是隱身的，她沒有自己的愛和恨，被強行塞進了一段愛情裡——她的父王勒令她言出必行，讓她和那隻青蛙做朋友，他彷彿看不到她失去金球的悲傷，以及被迫和青蛙做交易的驚恐；而那隻青蛙則以悲慘的身世，站在道德制高點，求她香吻，予她后位，她全程在被動配合，沒有人留意到，這個詛咒不關她的事，不是她的責任。

那個吻，並非小公主的情動，更像是獻祭。

我一直存著疑惑，並不覺得這裡面有愛情，更遑論浪漫，我只看到了男性凝視。長大後，這種疑惑漸漸變成哀傷，因為我發現這簡直是東方愛情的縮影，很多女性就如同小公主，半推半就地邁進婚姻，喜怒哀樂都不被看見，旁觀者還要稱讚一聲「佳偶天成」。

有的女性過了半輩子還糊裡糊塗，為了旁人這句話，苦苦維持恩愛的假像，即便有委屈，都一五一十地嚥下去了，不知道怎麼訴苦，抑或不知道向誰訴苦。演著演著，最後自己也當真了，覺得日子還算和美，等老來有了兒子兒媳，看見他們和和美美，這才意難平，發現自己半點甜頭都沒嘗過。

有的女性警覺些，既清醒又痛苦，知道眼前的男人和關係都不是自己所求，但卻無力掙脫，要麼破罐子破摔，要麼得過且過，自己並不暢快。在外人看來，自己亦不稱職，甚至是不惜福，鬱鬱寡歡一輩子，到頭來可能只落個「活該」。

這樣的故事太多了。

我年少時很迷戀小姨，她漂亮能幹，有個性，嫁得也好。所有親戚都說小姨是享福的命，因為姨丈工作體面，收入高，家境條件不錯，房子也早早買了。最要緊的是，姨丈對她百依百順，家務活從不讓她沾手，孩子接送都是自己來，更沒有什麼婆媳矛盾，因為姨丈樂意當炮灰，夾在中間兩面受氣。

相比之下，小姨多少有些不知好歹了：結婚幾十年，她對家裡什麼事都不上心，從來沒有記住過姨丈的生日，也懶得打理對方的財務，每日的消遣就是打牌，然後是買東西，從時令水果到漂亮衣裳，很捨得在自己身上花錢。

她仍然覺得不快樂，因為嫌棄姨丈——嫌他不是意中人，不夠浪漫，不夠體貼，不夠知情識趣，總之就是不夠，姨丈把全部身心捧出來，也是不夠。

在鄉間裡，這般做派很另類了，旁人背地裡總要嘀咕幾聲「自私自利」，為姨丈鳴不平。而他們的孩子——我表妹，簡直要憎恨母親了，因為在她看來，父親是家裡的頂樑柱，無怨無悔付出了許多，而母親連個眼神都欠奉，又矯情又任性，活得薄情寡義。

自幼時起，表妹無數次向我抱怨，但隨著我們慢慢長大，各自戀愛、分手，又戀愛，她回家看著老去的母親，又覺得什麼都明白了。

五十多歲的小姨會抱著她哭，說一生都很孤獨，一生都沒有人聽她的心裡話。

旁人只看到她在婚姻裡的灑脫，卻看不到她的煎熬。對方幾十年如一日地討好，不是她想要的，反而是沉甸甸的罪名，將她死死釘在這樁婚姻裡，眾口鑠金，將她定性為一個不懂惜福的壞女人。

誰都知道這是一出女性的悲劇，然而你甚至找不到確切的兇手。

小姨當然是懦弱的，在那個年代，不敢反抗父母的安排，也不敢提離婚，就這麼在消極抵抗裡耗盡自己。但在某種程度上，她也算勇敢，因為我還見過更糟糕的例子。

我大學時候，去最要好的室友家做客，很快就發覺她父母感情不諧。

那是一種近乎彆扭的討好，只要她爸爸在場，她媽媽的目光永遠落在對方身上，隨時都在噓寒問暖：菜是不是鹹了？要午睡嗎？出門去哪兒，什麼時候回？她爸爸則疏於應答，無非是「嗯嗯」幾聲。

室友替媽媽感到難為情，解釋說：「我爸就是這樣的人，不愛說話，我媽就比較愛念叨。」據說她爸媽是相親認識的，雙方家裡都覺得行，很快就結了婚。室友偷偷猜測：「我覺得，我媽一開始可能不喜歡我爸這種，我爸比她小，她總讓我找個年紀大點的、會照顧人的。」

在她嘴裡，爸爸顯然特別好，好過媽媽關於另一半的幻想——「我爸不抽菸，不喝酒，薪水也交給我媽管，別人家都重男輕女，我爸卻沒有讓我媽生二胎。」

「現在你媽對你爸多好啊，這就是日久生情。」我們嘻嘻哈哈地在背後討論，這個小家看起來還是溫馨的，爸爸負責賺錢，媽媽圍著孩子和丈夫打轉，雖然傳統，也挑不出錯。

當時的我們並不懂，那其實是一個女性在婚姻裡的自暴自棄。

大學剛畢業，室友就和男朋友剛成婚，緊接著，她的父母就宣告離婚。

她非常不理解，回家和父母對質，第一反應是質問媽媽：「你為什麼要和爸爸離婚？」

其實，是她爸爸主動提的，而她媽媽並沒有異議。

眼看著她成家立業了，她爸爸才開誠佈公地坦白：他對妻子沒有感情，從前是礙於父母之命，後來是考慮孩子，拖了這麼久，他不想再繼續湊合過日子了。

話說到這份上，她既震驚，又絕望，完全無法想像媽媽的處境，而她媽媽仿佛被脫了一層皮，多年的婚姻生活早就讓她麻木了：「我和你爸真的過不下去了。一結婚我就覺得他不體貼人，可是你外婆你阿姨都說，他是個好男人，沒有花花腸子，日子久了就好了。後來有了你，他還是那樣，什麼都不上心，可是別人都說他好，又能賺錢又能顧家，我就想是不是我的問題。我連工作都辭了，圍著他轉，轉了大半輩子，他照樣不稀罕我。」

她二話不說，帶爸媽去辦了離婚手續。後來，她抱著我哭，她說所有親戚都覺得是她媽媽不知好歹，放著這麼好的男人不珍惜，活該晚年淒涼。可是，沒有人知道幾十年的模範夫妻，都是她媽媽在嘔心瀝血地強撐，更要命的是，她媽媽對她爸爸並沒有感情，為這幾十年的虛名，何必呢？

「我媽這輩子真的是不值得。」

放眼望去，有多少女孩都遭遇了這種不值。

沒有誰幫我們上過一門叫作愛情的課，關於心動的所有初體驗，都是隱蔽而懵懂的：牽手以後汗涔涔的掌心，用力擁抱後勒到發痛的胸部，躲在被子裡發光的手機螢幕……有更多這樣的小細節，無法攤開交流，所以只能自己琢磨。

在最美好的年紀，在遇上愛的時候，我們偏偏對愛一知半解。

愛，不是被動，不是他索取，我就要給予，亦步亦趨地被帶進一段關係。

愛，不是配合，不是他覺得這樣好、別人覺得這樣好，我就要去做，耗費許多精力，卻沒有享受到快樂。

愛，不是失去自己，不是他的喜怒哀樂才叫喜怒哀樂，你的情緒和感受也很重要。

女作家洪晃說，賢慧是女人最大的缺點。

很多女性糊裡糊塗地進入婚姻，感受不到愛，就會用「賢慧」來獲得成就感。打理家務、照顧孩子、賺錢，在這些瑣碎而繁重的勞動中，她們找到了自己存在的價值，以此來說服自己——看吧，你離不開我，這個家離不開我。

多麼心酸而自欺欺人的幻想呀，這是自虐，絕不是愛情。

恨也算另一種形式的索賠

你要風度有什麼用？
你要他的愧疚和道歉有什麼用？
那些都是廉價的，你不如得到他的恨。

這份恨，擊碎他的自以為是，
讓他在下一段感情裡不敢輕舉妄動，
讓他餘生都記得自己傷害過你，
讓他的虧欠被公之於眾。

如此，恨也算另一種形式的索賠。

不知道從什麼時候起，分手要體面，這句話彷彿成了一條金科玉律。

那些戀愛中的男女，透支了親昵和綢繆以後，前赴後繼地迎來翻臉，傷心之餘，還要打起精神，在分手這件事情上渡劫。

理論上，一旦感情開始腐爛發臭，當事人會最早察覺，從不敢相信，到難過，再到挽回，抑或是逃避，直到最後放棄，各自選擇及時止損。沒有誰立志要當惡人，耗到彼此同歸於盡，大家都想乾淨地脫身，但棘手的是，每個人的自救手法天差地別。

有人是犯錯了，把往日情意砸得稀碎，再輕飄飄扔一句「不愛了」，給自己博個誠實不欺的名；也有人是慫了，不想再繼續這段關係，又不願背上負心的標籤，暗中使壞，用冷戰逼得對方開口，生生把情傷折騰出心理創傷。

還有人是矇了，相愛時心有靈犀，分開時竟不同步，我還在想著挽留，你已決定壯士斷腕，又或者你察覺到異樣，而我還在甜言蜜語裡沒有回神，鬧起來，相見兩生厭。

理想中的分手場面，當然是兩人都心平氣和，好好道別，最好還能來個臨別擁抱，從戀人變朋友，但實際操作起來，免不了上述種種雞飛狗跳。出於某些微妙的虛榮，明明我們在感情中受了委屈、忍了氣，分手卻要裝作若無其事，流淚也避著人，彷彿只有這樣才能昭示自己得理饒人和不在乎。

其實大可不必，分手就像公司的年終盤點，遇到明事理的，該補的補，該償的償，自然皆大歡喜；遇到職場ＰＵＡ（精神控制），那是狹路相逢勇者勝，是非曲直，就該算得清清楚楚，叫他賴也賴不掉。

前幾年有部熱門電影，講的正是男女分手的小心思。女主和男友相愛多年，從校園到職場，對方始終溫柔體貼，羨煞無數旁觀者。但就是這位眾人口中的模範男友，背地裡卻和女主的閨蜜攪在一起，他一邊照舊對女主體貼，一邊堂而皇之地和小三約會，被女主撞破姦情，當場分手。

愛情結束得過於慘烈和難堪，雙方其實都嚥不下這口氣，男友灰溜溜地道歉，把多年來的委屈攤開，向她解釋分手的緣由，妄圖討她一句諒解，然後兩人各走各路。而女主角呢，被男友和閨蜜聯手背叛，想質問、哭訴、破口大罵，可她也不想被笑話，不想被男友可憐，只好選擇違心的沉默。

她明明是受傷的那個，卻連展示傷口的權利也被剝奪了。

好在女主角有朋友相助，在老同學的婚禮上，狠狠戲耍了前男友一番，讓他在眾人面前顏面盡失。兩人不歡而散，目光交接時，彼此眼裡都是實實在在的恨。

「我不稀罕你的抱歉，我不稀罕你說你對我很虧欠，我要的就是這樣的對等關係。一段感情裡，在起點時我們彼此相愛，到結尾時，互為仇敵，你不仁我不義。」

是啊，愛情如果破碎，刺我滿身鮮血淋漓，我給不了強顏歡笑的得體，也說不出金玉其表的諒解，我不會諒解，我要大聲號啕，要斥責你的薄情與過錯，要全世界明白我的痛苦，像五六歲滿地打滾的小孩子，姿態難看，而又理直氣壯。

你覺得不體面？可是，是你對我有虧欠，也是你讓劇情變得狗血。我真正介意的，並不是把大好青春浪費在你身上，也不是說好的白頭不能兌現，是你用最糟糕的辦法喊停，用欺騙、背叛、傷害毀了我的尊嚴，我為什麼還要照顧你的尊嚴？

我不想委屈自己，擠出笑，與你道別，給這段感情落個不痛不癢的結尾，在多年以後，你想起我時只會是毫無歉疚。不，我要你牢牢記得你犯下的錯，哪怕想起我的時候，滿腔恨意，勝過舊日甜蜜，才不枉費我那時候流下的眼淚和無眠的夜晚。

憑什麼呢，我耿耿於懷許久，自然不能讓你輕易地放下。

我有位朋友，結婚十年，雙方各有事業，免不了燈紅酒綠的應酬，但只要有空，兩人都會洗手作羹湯，拿出所有空閒陪孩子，算是模範夫妻，最近卻傳出了婚變的消息。

我們都很詫異，倒不是因為離婚這件事，而是他們公然撕扯，鬧得雞飛狗跳，和以往的人設大相徑庭：女方在社群媒體上控訴男方出軌，PO出的聊天記錄、轉帳截圖連九宮格都塞不下，據她自己放話，這些東西她原封不動地寄了一份到男方公司。

男方氣急敗壞，婚是離定了，當著朋友的面，話裡話外還要說嘴前妻：「夫妻一場，真沒想到她把我往死裡逼。是，我是外面有人了，多大點事兒呢，就算離婚，我還能虧待她？」

朋友們也唏噓，唏噓裡帶著丁點兒惋惜，不贊成女方這樣豁出去鬧，「不說別的，為了孩子也得留點情面」。要情面做什麼呢？女方倒是很爽利，對每個勸和的朋友說：「我受了欺騙，我還不能說了？」

誰不想輕鬆體面地道別，後會有期？她以前也是歲月靜好、把優雅掛在嘴邊的人，可是這段婚姻灌給她那麼多苦，她不想默默嚥下去。

她說，她早察覺到不對勁了，從去年開始，就明顯感覺他不再重視自己和女兒了，三天兩頭不著家，回家了也只是玩手機。她沒有抓到什麼蛛絲馬跡，可是第六感告訴她，對方出軌了。

「有結婚，就有離婚，我其實能接受感情破裂這回事。」她不能接受的是，她嘗試著跟對方溝通，理智地討論離婚會涉及的財產分割、小孩撫養權，可是對方不肯交代，堅稱外面沒人，指責她疑神疑鬼。

於是，兩人開始漫長的吵架，從年頭吵到年尾，從捕風捉影到證據確鑿，最後兩人都面目全非，筋疲力盡，叫旁觀者看了一場徹頭徹尾的笑話。

你看，我們曾經以為，任何東西都是可以互相攤開來說的，包括我不再愛你。所以我們相信在愛情走到陌路的時候，你可以坦白地告訴我，而我會傷心、痛哭、挽留，然後明白一切無濟於事，依依不捨地放開手。

這段愛情至少還有個說得過去的句號，就像把一朵馬上要凋謝的花摘下來，封存著，不管什麼時候翻出來看，依然還殘留著美感。

但分手是充滿風險的，狀況百出，不是每個人都能誠實地告訴戀人：我愛上別人了。有時候，我們甚至不敢告訴自己，不敢面對自己的見異思遷，於是想要瞞，接著是騙，被戳穿以後還有惱羞成怒和強詞奪理，怎麼體面得起來？

有時候，體面意味著有一方在受委屈，默默退讓。

愛要熱烈，不計較明日，全力奔赴；分要兇狠，別顧著面子，盡情宣洩。

你得明白，當愛情破滅，往日情意再好，也是回不去了，形同死物。如果它能完整無缺地封存自然好，如果不能，那就痛快地打破吧。不破不立，沒有必要為了死物而委曲求全。

你要風度有什麼用？你要他的愧疚和道歉有什麼用？那些都是廉價的，你不如得到他的恨。這份恨，擊碎他的自以為是，讓他在下一段感情裡不敢輕舉妄動，讓他餘生都記得自己傷害過你，讓他的虧欠被公之於眾。

如此，恨也算另一種形式的索賠。

倘若問心有愧，還是不要莽撞地衝進新懷抱

好勝心最折磨人，生出屈辱和嫉恨，
讓人一葉障目，看不到身邊的新人和新感情。

在戀愛越來越自由的今天，一段感情的開始和結束都太輕易，
我們穿梭在不同的親密關係裡，
以愛為滋養，卻不知道有些關係反而是消耗。

不要和莫須有的自尊較勁，在感情裡要能屈能伸。

小時候看《倚天屠龍記》，總記得濠州婚宴上，張無忌拋下周芷若，當眾奔向趙敏而去，惹得她素手裂紅裳，轉頭下嫁宋青書。後來人事輾轉，她又遇上張無忌，對方求助於她，她不應，說：「天下英雄人人要罵我不知廉恥、水性楊花。」

張無忌自然磊落，勸說：「我們只需問心無愧，旁人言語，理他作甚？」周小姐回他：「倘若我問心有愧呢？」

這話，真有些摧枯拉朽的淒然和美感，我縱使是郡主的「門下走馬」，也免不了要對她刮目相看，心生惻隱。

如果我問心有愧呢？

我自知對你舊愛難忘，卻也記得你往日無情無義，在這場感情裡當真寸步難行。若是往前，我絕不願主動示好，已經被棄一次，難道還要再來一次，上趕著讓你糟踐真心？我其實盼你三跪九叩，求我回頭，讓我當眾找回顏面，給彼此一個臺階。偏偏我知道你不會，你另有所愛，我羅敷有夫，可若是往後，我又萬萬不甘，為什麼不能是我？

好勝心最折磨人，生出屈辱和嫉恨，讓人一葉障目，看不到身邊的新人和新感情。

周芷若做過許多錯事，但仍然博得種種憐惜，很可能是源自這份言不由衷和身不由己。她邁不過自尊，不肯低頭；卻又騙不過內心，無法忘情，太能引人共鳴了。

誰沒有遭遇這樣的境況，誰沒有當過周芷若呢？我們得不到、放不下、忘不了，越慌越亂，被自尊心驅使著，無法低頭，又被情緒左右著，無法割捨，一步錯，步步錯。

她何曾愛過宋青書？只是被一個男人落了面子、傷了自尊，想在另一個男人身上找補回來。有句話說，忘記舊愛的最好方法是覓得新歡，其實也是教人通過被愛找回自信，在新歡的柔情蜜意裡，幫你確信自己的魅力，以此證明，是舊愛瞎了眼，不是你不夠好——這種虛妄的滿足感，在某些時候，會勝過上段感情帶來的挫敗感，於是你以為自己被治癒了，而你並沒有付出什麼感情，你甚至認為愛不愛這個新歡並不重要，他幫你走出了陰影。

不，這個方法並不實用，宋青書把身家性命都奉上了，你看周小姐幸福嗎？

任何良性的感情，都不能是單向的。他對你好，當然盼著兩心同，你卻當這份好是供品，高高在上，眼裡心裡都沒有信徒的喜怒，時日那麼長，足夠消磨掉他所有的好。

一旦他收回了心，你在他身上建構的滿足和自信頃刻坍塌，不要說療癒舊傷，只怕舊傷添新傷，潰爛到肝腸寸斷。

倘若問心有愧，還是不要莽撞地衝進新懷抱，傷人，最後傷己。

我身邊有位女性朋友，一直讓我覺得遺憾。還記得初相見，她豔麗而張揚，比夏日裡的玫瑰還耀眼，那時候她年紀正好，身邊挽著富二代男友，得意都寫在臉上。

對年輕女孩來說，大概男人才是更直觀的名片吧，比事業搶先一步，直截了當地證明自己有魅力。她絲毫不避讓，挽著男友招搖過市，不知道招惹了多少女明星眼紅。萬萬沒想到，她蹉跎好幾年芳華，沒等熬到名分，那位富二代轉頭拋棄她，竟然娶了旁人。

那場婚禮辦得風光，一時間，所有人都看她的笑話，她嚥不下這口氣，急於從男人身上找回面子，找了家底豐厚卻貌不驚人的男朋友，匆匆忙忙也嫁了，戴著8克拉的鑽戒，在大大小小的場合秀恩愛。

她愛這個新男友？未必，但她多少在這個男人身上找回了自信：你看，也不是沒有人要我。

但那個男人並不是一件死物，不會甘願當她每場表演的工具人，天長地久，自然向別的女人尋求愛意。很快，他婚內出軌被抓了現行犯，所有不堪的細節都被攤開，親戚朋友們津津樂道，無不可憐她。她受不得種種可憐，離婚官司還沒著落，就挽著新男友露面了，大家既憐愛又心疼，勸她不要在感情裡昏頭，她不聽。

眼看著富二代和他的嬌妻在圈子裡活躍，她賭氣似的，很快又結了婚、生了孩子，沒多久再次離婚。如今，她帶著孩子，依然樂此不疲地戀愛、分手，熱熱鬧鬧好一齣戲，唱得自己筋疲力盡。

在戀愛越來越自由的今天，一段感情的開始和結束都太輕易，我們穿梭在不同的親密關係裡，以愛為滋養，卻不知道有些關係反而是消耗。

我那位朋友的戀情始終不被親友們祝福，是因為她身上並沒有享受愛情的輕快。她整個人透著疲憊和倔強，男友越換越年輕，卻總是被曝出各種問題，顯然她對挑伴侶這件事並未用心，她不幸福，又總想著展示自己幸福，那些來來去去的男友都是作秀工具罷了。大家都嗔怪她傻，說來說去，無非是放不下當年那段情，想要證明自己過得比富二代好，卻栽了更大的跟頭。

女人很容易把愛和尊嚴糾纏起來，就像張愛玲在《傾城之戀》裡說的那樣：「一個女人，再好些，得不到異性的愛，也就得不到同性的尊重。」

很多時候，我們在愛情裡犯過的錯、昏過的頭，並不是源於那個男人，而是源於胸腔中跳躍的自尊和不甘。對方說出分手，我們被棄之如敝屣，震驚混合著難堪，連傷心的時間都沒有留，慌不擇路地就要證明自己。

越是這種時候，女孩們越容易受騙，往日從未看在眼裡的人，花言巧語地獻殷勤，竟也能打動芳心，很有些趁火打劫的意思。你難道還幻想劫匪有柔情蜜意？

其實，誰會真的以男人來評判你的魅力？你被渣男劈腿，朋友們自然替你抱不平，那些說著「她連男友都看不住」或者「她沒人要」的人，你趁早遠離，何必在乎那些不中聽的話。

好的愛情，當然是兩個人平等相處，沒有輕視，也沒有倨傲。

但是，愛之所以為愛，讓人目眩神迷，就在於打破距離，讓獨立的個體在情感或經濟上成為共同體。

有時候，你不必過分強調尊嚴，不用在相處的時時刻刻標榜「沒有你，我也可以」。

這樣談戀愛是很累的，這些女孩過分「要強」，細究起來，實則是不自信——他現在愛我，是愛我的優點，一旦他看到我平庸的本質，愛就會消滅，那我將如何自處？所以，她們要表現出「我不在乎」，尤其是分手，她們內心明明放不下，卻不會出口挽留、解釋或質問，反而會想方設法地隱藏真實想法，為自己戴上面具。

他都說了不愛，我如果表現出舊情難忘，豈不是顯得我沒皮沒臉？

瞧，女孩們談起戀愛太過體面了，舊情難斷，問心有愧，難道不是人之常情嗎？不妨多給自己一些時間，用來慢慢療傷，不必想著去和前任較勁，不必理會外界的閒言碎語，等那些眼淚與失眠翻篇。

一直到現在，仍有網友說，周芷若是一手好牌打爛了，不就是新郎逃婚嗎？她就是太執拗了，明明想和張無忌續上舊情，又不想被人笑話情場卑微，只得拉宋青書做幌子，立一個「君既無心我便休」的人設，最後苦了自己。

但凡她能誠實地面對自己，坦承想做張家婦，把天下人的笑話丟一邊，扛著張三豐「佳兒佳婦」的贈禮上武當，既占著理，又有長輩相幫，張無忌不想娶也得娶，昔日被落的面子，何愁婚後找不回來？

說來說去，還是那句話，不要和莫須有的自尊較勁，在感情裡要能屈能伸。

你愛他，為他摧眉折腰，就當是情趣吧；他不愛你，你也別想著讓他後悔，糊裡糊塗地折騰，對方其實都不在乎。

Chapter

3

成年人的體面不僅僅是錢

我們活得筋疲力盡，卻並沒有想像中快樂，
可能，是我們弄錯了體面的定義。
真的只是錢嗎？
如果找到這個答案，也許我們就能停止焦慮，找回快樂。

很多人都在說，賺錢，是成年人最大的體面。

似乎年月越長，我們面臨的難題越多，哪怕有厚臉皮撐著，依然透出窘迫。就像裹了襤褸衣裳，再怎麼細心打理，一伸手，一投足，四面灌風的情形依然避不開。

花唄的還款簡訊每個月按時來。

辦公室的同事又換了新包，名牌的標識很刺眼，也讓人羨慕。

房子的頭期款總是湊不齊，急著急著，就和男朋友吵了一架。

最怕參加同學會，人人都光鮮，上了一流大學，拿著百萬年薪，身邊還有個完美伴侶，仿佛只有自己落魄。

難怪都說錢是英雄膽，在千瘡百孔的現實面前，它堪稱最有安全感的遮羞布。

但賺錢並不容易，為欲望打拼的姿態也並不好看，連香港影星周潤發都唏噓「搵食艱難」，更遑論普通人。於是，朝九晚五的日子裡，我們除了容貌焦慮，又滋生出許多經濟焦慮：原來不知不覺中，我們已經被同齡人拋棄。

被這種心理驅使著，我們甚至開始自我懷疑：是我能力不夠嗎？還是我時運不濟？我離成功到底還差什麼？就這樣，大大小小的挫敗感，把我們所剩無幾的體面徹底戳破，我們兩手空空，要麼躺平，要麼繼續卯足勁。

當然，不甘心者居多，咬著牙，把焦慮和挫折踩在腳下，抬頭往前，明明已經使出渾身解數，還要裝作雲淡風輕，不肯露出半分狼狽。

我們活得筋疲力盡，卻並沒有想像中快樂，可能，是我們弄錯了體面的定義。

真的只是錢嗎？

真的不能讓汗水和欲望被看到嗎？

真的被拋下的都是失敗者嗎？

如果找到這個答案，也許我們就能停止焦慮，找回快樂。

欲望都是漂亮的

欲望並不難看，
壓抑它、包裝它、醜化它才難看，
才會帶給我們更多焦慮。

十八歲時，想要喝奶茶，想要和朋友逛街，
二十八歲時，喜歡名牌包，這都是人之常情。
不要再為自己上枷鎖了，欲望大多無害。

在很多女孩看來，談錢是非常俗氣和難堪的。

前兩年，我還在做新媒體，部門招聘的時候，面試了一個女孩。我至今還記得她，是個非常優秀的應屆畢業生，談吐自如，透著年輕人的幹勁和熱情，遞過來的簡歷也漂亮。

我們聊完了職位要求，我問她：「你有什麼想問我的嗎？」

她沒有絲毫遲疑，搖搖頭，很機靈地表示，她對公司很滿意，期待錄取通知。

我忍不住發笑，主動打開話匣子：「公司的薪資體系是這樣的——」

她眼睛立刻亮了，肉眼可見地放鬆下來，顯然，她也在暗暗關心薪酬，只是不好意思在明面上提。我相信，如果我沒有主動提及這個話題，而是語焉不詳地暗示，她大概還會講出「薪水多點少點沒關係，只要能學到東西」這樣的話。

薪水多少怎麼會沒有關係呢？剛剛走出校園的女孩子，衣食住行哪樣不花錢？又不能像從前那樣向父母伸手，第一份薪水，不啻溺水後的稻草，是誰也無法替代的安全感。

即便如此，我們嚼碎了窘迫，嚥下去，嘴裡心裡都發苦，也不會開口談錢。好像一提到錢，立刻便輕賤了，唯恐對方覺得自己拜金，再意味不明地丟下一句：現在的年輕人……

我畢業求職的時候，也是這樣，坐在敞亮的會議室裡，彆扭著，對方開出的薪資沒有達到我的預期，但我羞於開口，覺得這樣會留下不好的印象。我在糾結中入職，等到發薪日，同部門的前輩提點：新人容易被壓薪水，你們得和公司談。

我們沒有去談。其實現在想想，多幼稚啊，因為莫須有的面子，丟了切身利益，把日子過得緊巴巴，還要裝作沒事兒，再看身邊朋友們揮金如土，恣意快樂，內心如何不煎熬？

這些痛苦，大抵就是源於我們不能坦承對錢的渴望。

我們自小就被教育著不愛錢，錢是赤裸裸的算計，是滿地雞毛的現實，所以在很多故事裡，君子與名士都是不談錢的。

最經典的例子就是王衍，這位魏晉名士向來高潔，他的妻子不以為然，一定要拉枕邊人下凡塵，於是趁他睡著，在他床上堆滿了銅錢，等著看他醒來的反應。王衍醒來，絕口不提錢字，衝妻子說：「把這些阿堵物拿開。」

在中國的文化傳統裡，這才算美德，錢財都是身外物，一旦貪戀，便顯人性醜惡。女孩們更甚，被琴棋書畫養著，是水做的靈秀，不能沾染凡俗事，否則就成了魚眼珠子。

愛錢？貪財？好美服？那簡直是反面教材。

我還記得少時讀《紅樓夢》，看到林黛玉私下與賈寶玉算帳，盤點大觀園的各色花銷，暗示他賈家入不敷出，當即大感震懾：怎麼林妹妹也是沾凡塵俗務的嗎？

長大後再讀這個章節，隱約琢磨到一點尷尬和不易——結婚前，女孩們被教導著要體面，人人都喜歡窈窕淑女；等結婚生子了，吃喝玩樂都砸過來，都要她打點，但凡她開口抱怨，或羨慕別人家發達，輿論立刻對她指指點點。

太難了，難道她生來就要吃苦耐勞？她只能是當壚賣酒的卓文君，是金釵沽酒的韋叢，不能是嫌棄家貧的買臣妻？

女性也有自己的欲望啊——愛、權力、名望，還有錢。這每種欲望都合情合理，不應該被嘲笑，更不應該被壓抑。

我最喜歡的一個隱喻，是《紅樓夢》裡薛寶釵常年吃的「冷香丸」。她每每對人解釋，說胎裡帶了熱毒，只能吃藥壓制，實則呢，那不是什麼熱毒，那是隱射她蠢蠢欲動的欲望，因求而不得的痛苦。

寶姐姐是有野心的，她喜歡賈府的權勢，也喜歡賈寶玉體貼多情，但她藏著，不敢讓人看穿。許多讀者不喜歡她，就是因為這份隱藏，面上絲毫不露聲色，誰知背地裡卻暗暗盤算，這不是心機是什麼？

她是怕被笑話，一個女孩子家竟然有這等謀劃，但憑什麼不能有呢？我穿著錦繡衣裳，吃著山珍海味，住著朱門繡戶，我憑什麼不能生出貪戀和佔有？我又不是木雕石雕，我有七情六欲，我既生而為人，想要過得好不是很正常嗎？

但偏偏外界會用既定的道德來觀望和評價女性，但凡她表現出預期以外的欲望，立刻就要遭到嘲笑和羞辱：拜金、心機女、野心勃勃、道德敗壞。

仔細想想，從《紅樓夢》到如今，多少年過去了，我們還在藏著掖著，並為此捉襟見肘，生出煎熬。

承認自己有野心，並為之打拼，在很長時間內，都是女性不被喜歡的特質。

有位女星，她年輕時的臉，清麗而倔強，眼裡翻湧著風雲，出現在大螢幕上，就是一張赤裸裸的欲望清單：我要名、要利，要所有的鎂光燈照過來。

她沒有隱藏的意思，電影拍了一部又一部，滿身是傷，不要緊，她吃得下這份苦，直奔著獎盃而去。她也熱衷於嫁入豪門，身邊的男友換來換去，都是公子哥，就差把「釣金龜婿」寫在腦門上。

那時候，網友都嘲諷她，因為其他女星都是人淡如菊，被問到獎項提名，也只半驚半喜地笑：得獎與否並不重要，能被肯定已經很開心。

隨著時間推移，如今大家也終於肯承認，誠實點，才更輕鬆點，與其躲在佛系的面具背後，暗暗眼熱別人豁得出去，不如痛快地喊出來：我就是想紅！

欲望並不難看，壓抑它、包裝它、醜化它才難看，才會帶給我們更多焦慮。

我讀書時候有個很要好的朋友，家境尚可，但她爸媽花費管得嚴，每次給生活費，都要問她「這個月要多少錢」，她總是磨不開面子，支支吾吾地要一半。我們總笑她死要面子活受罪，除了吃飯，連買奶茶的閒錢都沒有，她也歎氣：「多要錢，好像顯得我很不懂事。」

我印象深刻的是，工作以後，我們有次約逛街。她在百貨公司看中了一個包，很喜歡，我攛掇她買，她搖搖頭，放下東西走了。

等到坐車回去的時候，她情緒不高，我逗了半天，她仍蔫蔫的，一時間，我也有點意興闌珊，不明白到底是怎麼了。她見我低落，更加彆扭起來，糾結著，很艱難地解釋：「我是因為剛剛那個包。」

「你喜歡就買呀，你現在薪資那麼高，又不是負擔不起。」

她苦大仇深地看著我：「我又沒有什麼場合背這個名牌包，總不能背去上班吧？那也太招搖了，別人會笑我大手大腳……」

「停！」我立刻讓司機掉頭，「我們馬上回去買那個包。」

十八歲時，想要喝奶茶，想要和朋友逛街，二十八歲時，喜歡名牌包，這都是人之常情。如果我們自己有能力可以負擔，為什麼不款待自己？為了避免不被旁人指指點點，我們就要做一個清心寡欲的女人？

面對自己的欲望，是解決焦慮的第一步。它會緩解言不由衷帶來的虛偽和窘迫。同樣是處在低谷，坦然承認自己的困境，想方設法往上攀爬，再怎麼姿態難堪，進一寸有進一寸的歡喜；總比假裝不在乎要好，一邊佛系地躺平，嘴上說著隨遇而安，一邊暗暗著急，尋找出路，還擔心人看穿，當真是折磨自己。

不要再為自己上枷鎖了，欲望大多無害。是它，把生活折騰得活色生香、跌宕起伏；也是它，照亮每個女孩的內心，找到目標所在，活出不同的面貌和風采。

養成與自己賺錢能力相匹配的習慣和欲望

我其實一直不鼓勵女孩們「省錢」，

對成年人來說，快樂真的很難，

如果花錢能買來快樂，為什麼不呢？

況且，要女孩們捉襟見肘，

省下錢，不花在自己身上，花在哪裡？

不知道是什麼時候，我在香港八卦雜誌上，看到過一個很溫情的小故事。

因為香港電影的沒落，很多活躍在螢幕前的演員們隨之消沉，曾經風頭無兩的女明星，日子困頓，素著臉，排著隊，在菜市場和大媽們搶折扣商品。她撞見了昔日的影帝，對方看起來還算體面，而自己粗衣麻布，言行粗鄙，多少就顯得難堪了。

影帝替她付了帳，寬慰她：搵食艱難啊。

這是粵語裡的俗話，意指謀生不易、賺錢不易。是啊，賺錢難，誰人都不易，就不要為此自鄙，或鄙薄他人了。

我一直覺得，現代女性對經濟獨立過分焦慮，很可能是源於她們沒有賺過錢，對金錢的概念模糊而理想化，甚至毫無概念。

網路上不是有個段子嗎？畢業前，大家對月薪三萬的工作嗤之以鼻，不明白為什麼有人能夠拿著這麼低的薪水，還卑微地加班，在她們看來，一套保養品、一趟長途旅行或一個名牌包包都不止這個價格。

等到畢業，月薪三萬的工作突然就「真香」了，因為轉了一圈，發現能匹配的待遇大多如此，倒也有高薪職位，但人家不是留給初出茅廬的人的。

於是，你我只好忍氣吞聲，留在小公司，做個朝九晚五的工作。從前花錢如流水，享受過錢的好處，現在才開始精打細算，晚了，處處都捉襟見肘，個中落差也不好受。

再四處看看，年長些的，薪資已經年年往上漲，有錢就有底氣，動輒買車買房；年幼些的，依然仗著家裡庇佑，無知無畏，買什麼都大手大腳。彷彿只有自己處境尷尬，被欲望折磨著，被現實一次次摑耳光，這如何能不焦慮呢？

我見過很多這樣的例子——年輕漂亮的少女，為了追隨男朋友，放棄到手的錄取通知，看不清一份好工作和一束玫瑰花哪個更昂貴，她們只知道哪個讓自己更快樂。

都說這些少女拜金，其實她們很好哄騙，甚至不需要你真的用錢砸，一個包包或一杯奶茶，就能哄得她眉開眼笑，她根本不懂背後的價值差異，她覺得那都是用心，都是對她好。

她們在年輕的時候，對錢沒有任何認知，物品的價格彷彿只是數字；等發現錢的重要性了，對賺錢又沒有任何手段，不甘不願就做了月光族。

我印象很深的是，大學畢業時，有個女同學選擇和男友閃婚，和家裡鬧得不可開交，因為家裡不肯接納對方有遺傳病史。

我們猶豫著勸她：你爸媽的顧慮也有道理，你再想想吧，如果他將來生病……

女同學覺得自己已經想清楚了：「說來說去，不就是錢嘛，大不了我以後少買點化妝品。」

事實證明，她並沒有想清楚，也並不知道先天性疾病意味著什麼。她婚後第二年有了小孩，剛出生就被查出遺傳性心臟病，從這以後，手術、吃藥、來來回回的身體檢查塞滿了她的生活，讓她喘不過氣。

這已不是少買化妝品能解決的事情了，她前所未有地焦慮，因為每天睜開眼，什麼都要錢，房租、水電、三餐、交通，更別提孩子生病要看醫生了。她比任何時候都渴望錢，守著一份乏善可陳的工作，不敢請假，也不敢遲到早退，日子過得窘迫，怨自己當時腦子進水，再怨伴侶無能，怨來怨去，再好的感情也磨滅了，婚姻裡只剩下雞毛蒜皮。

這還算好的，有些女性更慘烈，她們在什麼時候發現錢的重要性呢？丈夫出軌、孩子升學、中年失業、身染重病……在這些極端的境遇裡，她們幡然醒悟，為自己的不諳世事埋單。

她們非常想賺錢，但她們不會賺錢，從前還有人願意用錢哄著捧著，現在幾乎是任何人都不肯了。

工作？很多公司不願意雇用「二度就業」的家庭主婦，況且還有孩子的拖累，即便她能找到工作，薪資也有限。

婚姻？男人之前願意給錢，不代表他一直願意，她要忍著羞恥，一次次掌心向上地討。

父母？父母或許永遠愛她，願意幫她，但他們年歲漸長，正是要花錢的時候，壓力並不比她小。

往往在這種時候，女性的經濟焦慮會達到巔峰，當能力趕不上欲望，前路無從下腳，處處就藏下了陷阱——兼職騙局、傳銷騙局、加盟騙局，還有愛情騙局。

如果能在每個女性的青春期，為她們上一門「金錢」教育課，是不是很多焦慮和不幸就可以消弭？

不是教她們省錢，不是教她們貪利，而是教會她們錢難賺。只有這樣，她們才會在花錢的時候量入為出，養成與自己賺錢能力相匹配的習慣和欲望，即便是渴望財富自由，也不會再盲目恐慌，而會懂得量力而行地努力。

當她踩到實處，所謂的經濟獨立有了看得見、摸得著的門路，她的焦慮自然迎刃而解。

我上小學那時候，家裡做生意，建了很多大棚養菌菇，然後低價批發，同時也在市場租了個攤位，秤斤論兩地零售。這賺的都是辛苦錢，剛上市的菌菇，每斤也才幾塊錢，媽媽總掛在嘴邊的話是：「這也太貴了，得賣多少斤菌菇啊。」

在我的記憶裡，面對昂貴的學費、漂亮的衣服、美味的食物等等任何一筆大開銷，媽媽都會發出這樣的感歎，我起初還覺得她摳門，慢慢地，我也習慣把所有物件用菌菇來換算：想買的鉛筆盒需要一斤菌菇，那件校服要花掉十斤菌菇……諸如此類的換算太多了，它讓我明白，原來我生活中使用的每個物件，得來都不容易。

我幫媽媽顧過攤位，知道賣東西是極不容易的，有人要殺價，有人要挑挑揀揀，還有人買賣不成出言譏諷。不論天冷天熱，你都得一動不動地守著，那時也不流行手機，什麼消遣都沒有。最讓人擔心的是菌菇賣不出去，那就得原封不動地搬回家，自己硬著頭皮吃，我後來討厭吃各種菌菇，就是因為小時候吃膩煩了。

這一斤又一斤的菌菇，讓我明白賺錢真的很難，也讓我在每次花錢之前，都會默默換算和計較：我輕鬆花出去的錢，能否輕鬆地賺回來？

我不算勤儉的人，很愛買東西，小到各種五花八門的線上下單，大到輕奢名牌，哪個女孩不喜歡購物呢？但我從來不花費超出自己賺錢能力以外的錢，再怎麼喜歡的單品，如果它的價格需要動用到分期、信用卡等提前消費手段，那我絕對不會下單。

很多經濟焦慮，就是來自你花了超出預算和能力以外的錢，把這些錢折算成菌菇或是你的薪水標準，你就會明白那刷出去的一串數字是多麼金貴，付出了你多少辛勞。

我其實一直不鼓勵女孩們「省錢」，對成年人來說，快樂真的很難，如果花錢能買來快樂，為什麼不呢？況且，要女孩們捉襟見肘，省下錢，不花在自己身上，花在哪裡？

花錢，是每個女性該有的權益，但在花錢之前，我們應該先試著賺錢，如此，才會真正懂得花出去的每一分錢意味著什麼，也才能明白收到的饋贈和禮物所暗含的價格。

我們都得為自己的人生埋單，或早或晚。當你吃過賺錢的苦，能夠合理安排自己的收支，才叫花錢買快樂，嘗得到甜。

否則你得到的都是焦慮和不安，為每月的信用卡費還款日期焦頭爛額，為伸手向別人討要妄自菲薄，哪有快樂可言？

畢竟，面子其實是奢侈品

面子是不值錢的，
當面子和自身利益發生衝突的時候，
當然要選後者。

不就是低頭嗎？
成年人的委屈太多了，這根本不算什麼。

畢竟，面子其實是奢侈品，
是維持溫飽之後才能追求的錦上添花。

我去便利商店買東西，排隊結帳的時候，看到前面有個少女在犯難：她拿了兩支樸實無華的冰淇淋，到了收銀台才發現它價格驚人。

很顯然，她不想要了，這價格超出了她的預期，但她不好意思開口，一來收銀員已經刷過條碼，二來當著那麼多人的面，她覺得所有人都會在心裡嘲笑她摳門和麻煩。

「現在的冰淇淋也太貴了吧，這誰吃得起啊。」隊伍裡，有人嘀咕了一句。

少女立刻露出了感激的神色，就著這個臺階，衝著售貨員說：「這個我不要了，不好意思啊。」

直到她結完賬離開，臉上依然有點劫後餘生的意思，因為過於明顯，大家多多少少都笑了。那笑，不是嘲諷，而是心領神會的理解。

如果那個少女再年長些，就會知道，她覺得難以啟齒的話，完全可以毫無顧慮地說出來。

面子是不值錢的，當面子和自身利益發生衝突的時候，當然要選後者。

話雖如此，但誰年輕時沒有經歷過這樣的尷尬呢？明明不想買的東西，但推銷員巧舌如簧，你只能硬著頭皮埋單。

出門吃飯，面對沒吃完的菜，很想打包帶走，但怕被服務生笑話，你只好裝作若無其事地離開。

月底發薪水，怎麼算都覺得獎金少了點，你想問問人資，但又不想為這點小錢和老闆鬧，你只好跟自己說算了。

算了背後的潛臺詞不是你不在乎，而是勸自己忍氣吞聲。為什麼忍？自然是覺得面子要緊，覺得但凡跟錢扯上關係的事，都要顧著點臉皮，不然就顯得斤斤計較了，沒有風骨。

這說來說去，就是面子和裡子的問題。年輕人貪圖面子好看，儘管內心並不願意，但為了擺出姿態，寧可損失實際到手的好處；年長者就更喜歡實惠，甭管外人怎麼看，只要我能拿到好處就行。

香港女作家亦舒說過一句話，我深以為然：「如果有人用鈔票丟你，跪下來，一張張拾起，不要緊，與你溫飽有關的時候，一點點自尊不算什麼。」

對於初出茅廬的年輕人來說，讓他們卑躬屈膝、面子受挫，都是很難受的，誰都想站著把錢賺了，任何有關尊嚴或形象的事，他們都願意用犧牲利益來擺平。

但事實上，涉及個人利益的時候，體面與否真的沒有那麼重要。

不就是低頭嗎？成年人的委屈太多了，這根本不算什麼。

我有個同學，畢業後在做設計師，每天被甲方各種匪夷所思的要求折磨，公司老闆也不省心，時常無事生非。

他特意建了一個群組，群名就叫「非正常人類研究中心」，群內容就是吐槽老闆和客戶。有時候我們在忙，他遇到不順心的事，一個人連發好幾則訊息，全螢幕都是怒火中燒的控訴。

據他說，客戶最過分的事蹟，是讓他出了七版設計稿，最後卻選了第一版。他當時氣得在群裡足足罵了半小時，但轉頭又好聲好氣地打電話給客戶確認細節。

我笑話他：「既然做得不開心，為什麼不辭職呢？」

他反過來笑話我幼稚：「我幹嘛跟錢過不去？」

是的，這份工作不容易，客戶和老闆都給過他難堪，但所有難堪在可觀的薪資面前，都是可以忍受的。拿離職信甩到老闆臉上，這當然很爽，也很戲劇化，但生活不是拍電視劇，短暫的宣洩過後，日子還在繼續，你還得為柴米油鹽埋單。

他年薪豐厚，不僅在業內，在圈外的同齡人中也很可觀了。對此，我有點驚訝，又有點理解，因為他在讀書時就是學霸，本事不小，性格倨傲，沒想到他竟然願意為了錢低頭。

「沒有什麼願不願意，主要看錢給得夠不夠。」他調侃道，「清高不能當飯吃啊，我總得考慮現實問題，人家不為五斗米折腰，是有這個家底，我可沒有。」

這話說得實在。

誰不希望當第二個陶淵明呢？這位老先生在職場待得不開心，只因為差吏惡語相加，他乾脆當場離職，喊出了那句「吾不能為五斗米折腰」的千古名言。

想要用金錢收買我？不可能！時至今日，依然有無數年輕人前赴後繼，喊著口號，把離職信寫得花樣百出，趾高氣揚地想要整頓職場——

老闆喜歡開會？那我走。

公司離家太遠？那我換工作。

同事脾氣不好？那我離職。

他們的底層邏輯簡單而粗暴：做得不開心，那就走人，總不能看在薪水的分上委屈自己吧？

為什麼不能？如果錢足夠多，就值得把那些委屈嚥下去。

所謂的不為五斗米折腰，需要你有任性的底氣，不然當下體面了，後續只能獨自嚥苦果。畢竟，忍不下一時之氣，就得承受後患無窮。

單看陶淵明，也算名家之後，而且學識淵博，但他家底單薄，日子過得並不寬裕，辭職以後，只好回家耕地種菜。他自己倒是安貧樂道，守著隱居的好名聲，過得清苦而舒適，但他的妻兒就因此吃盡了苦頭，五個孩子都泯然眾人，別說繼承他的才華，連識字都成問題。

我當然不鼓勵大家拜金，凡事都唯物質論，但我也不欣賞端著清高姿態，好似柴米油鹽都不在人間。

在兩支冰淇淋和一百塊錢之間，我會選擇後者，哪怕當眾反悔確實難堪，但我不介意忍一忍，因為省下的一百塊錢可以讓我買更多喜歡的東西，讓我更開心。

連陶淵明都要為掛冠而去埋單，讓妻兒忍受貧困，更遑論我們普通人。五斗米不夠，那七斗米、八斗米呢？在不違背原則和底線的前提下，面子可以放一旁。

畢竟，面子其實是奢侈品，是維持溫飽之後才能追求的錦上添花。

說來慚愧，我也曾有過這樣的錯誤觀念，年輕時氣盛，最看重臉面，最不喜歡有人為錢摧眉折腰，認為這樣的人軟骨頭，又貪財重利，不值得相交。

那時，我有個同學混音樂圈，為公司的二線歌手們編曲、寫詞，偶爾也接些外快，他最大的願望就是成為優秀的詞人，能寫幾首暢銷單曲。

有一陣子，抖音上一首口水歌走紅，沒什麼內涵，唱著情情愛愛，押著蹩腳的韻，是那種音樂發燒友聽到後會立刻滑走的水準。

那首歌的作詞作曲都是他，我們很詫異，就像看到高嶺之花突然走下神壇，開始遊戲人間。他倒很誠實，說：「沒辦法，他們給得太多了。」

這話更讓我們驚訝，他的藝術追求呢？他的理想呢？為了錢，就可以寫滿大街的口水歌嗎？之後的很長時間，我都為此困擾，並深感失望。在我的認知裡，這時候，每個藝術工作者都應該義正詞嚴地拒絕，不被資本裹挾，拒絕低頭。

後來，我也面臨了很多類似的境況，比如籌辦新書簽售會，有甲方提出穿旗袍或是其他形象上的要求，這種指手畫腳的容貌羞辱，讓我覺得被冒犯，毫不客氣地拒絕了，而後雙方鬧得不愉快，不僅合作吹了，遺留的種種問題處理起來更是麻煩。我事後想想，不就是一件衣服嗎？他說得再難聽，言語再冒犯，能有處理一地雞毛為難？

為了一場完美的簽售會，這點委屈，我其實應該忍下的。

被現實毒打以後，我漸漸就理解那位同學了。他成立自己的音樂工作室，做小眾音樂，出了不少好曲子。他說：「我想做好東西，就得先賺錢，要賺錢，當然要放低身段了，當人家的孫子都行。」

當人家的孫子，我不行，但在原則以內，我願意為換五斗米而適當地低頭。

不要著急，麵包會有的

夜深人靜的時候，你不禁沉默了：
只有我的生活過得這麼慘嗎？哦，好像是的。

即使你心裡有一萬個不樂意，
還得繼續下去，
只是被焦慮、嫉妒、茫然和憤怒折磨得鬱鬱寡歡。

放輕鬆，你沒有落後，也沒有領先，
在命運為你安排的屬於自己的時區裡，一切都準時。
哪怕你現在兩手空空也不要著急，麵包總會有的。

「紐約時間比加州時間早三個小時，但加州時間並沒有變慢。」

曾幾何時，這句話在網路上很盛行，你也許匆匆瞥過，但未曾在心裡細思過。事實上，它能解決掉大部分因現實和理想不匹配帶來的焦慮。

現在的年輕人很勇敢，封了心，鎖了愛，整天把賺錢掛在嘴邊；但他們也很脆弱，當賺不到那麼多錢時，一邊喊著躺平，一邊偷偷競爭，越爭越不開心。

怎麼開心得起來呢？

你歷經十幾年的寒窗苦讀，終於從學校畢業，參加招聘會，投遞簡歷，被公司錄用，開啟工作生涯。大部分人似乎都遵循著這樣的人生軌跡，可是等你開始上班，卻發現和自己想像中的生活有了出入：每天奔波在通勤的路上，匆匆走，遲遲歸，好不容易結束忙碌的一天，想要約上三五好友吃頓飯，卻被告知晚上要加班開會；好不容易熬夜做完專案，剛提交又被退回來；好不容易熬到月底發薪日，還沒細數，馬上就交給了房東。

夜深人靜的時候，你不禁沉默了：只有我的生活過得這麼慘嗎？

哦，好像是的。看看其他人，似乎個個都過得體面而精彩：同樣是上班，有人做著自己熱愛的事，為夢想而努力，但你卻困在朝九晚五的辦公桌裡，每天重複著無意義的瑣事；同樣是大學生，有人年薪百萬，輕鬆買了房和車，但你卻拿著三萬的薪資，為想買的新衣服而節衣縮食。

即使你心裡有一萬個不樂意，還得繼續下去，只是被焦慮、嫉妒、茫然和憤怒折磨得鬱鬱寡歡。

急什麼呢？每個人都有自己的時區，你在自己的時區裡，有屬於自己的節奏和步程，不用盯著旁人，更不用為此方寸大亂。

但身處其中的年輕人很難明白，為了追趕前方的人，他們使出渾身解數，把生活繃成一根弦，時時不得放鬆，如箭在弦上。

我有個學生特別漂亮，她也很知道這點，讀書那時候就頗有心氣，立志要闖蕩娛樂圈，常常翹課去接些表演或主持活動。次數多了，老師們都很頭疼，苦口婆心地勸她：以後賺錢的機會還多著呢，大學就這幾年了，不能老實待在課堂上學點東西嗎？

她不聽，說起廣播系的誰誰找了好工作、新聞系的某某學姐已經進了電視臺，整個人急到不行，仿佛所有好機會都要被別人占了，她得快點，再快點，否則什麼也搶不到。

大學畢業以後，她獨自北漂，找了份業務的工作，和本科系毫不相干，但用她的話說，「來錢快」。白天，她踩著高跟鞋到處跑客戶，回了家，她還做直播帶貨，播到凌晨三四點是常事。

她好像一直在工作，沒有休息日似的。我北上的時候，約她吃飯，她請我去她家裡，趁著直播前的那點時間，用電磁爐煮火鍋給我吃。

她很抱歉，說自己實在沒有時間，很久都沒有好好坐下吃頓飯了。我當然不願意看她這樣忙碌，全然沒有享受生活的空閒，賺再多錢又有什麼意思？

她報了一個數字，是她這兩年辛苦存下的錢，在同儕中已經相當可觀。但她依然不滿意，提到那些知名直播主，語氣裡滿是豔羨：別人已經買房了，別人一年能賺成百上千萬，別人都從直播主轉做演員了……

別人什麼年紀，她又是什麼年紀？誰不是從無到有，走了一條漫長的路？實在沒有必要用他人今日的成就，來苛責自己的落魄，那人年輕時或許還不如你。況且，各人都有自己的機遇，別人的成功是很難複製的，為什麼要拿來當競品？

我無法勸動她，只好再三叮囑：不要本末倒置了，賺錢本來是為了更好地享受生活，為了取悅自己，但現在你的狀況已經嚴重影響生活了。

這樣的故事實在太多，一波又一波的年輕人為了成功魔怔了，用健康換，用愛情換，用道德換，殊不知，心急吃不了熱豆腐，等到一場大病或一例猝死，他們才驚魂未定地發現不值得。

說起來就都是好勝心切，把自己逼到別人的賽道上，不敢停下，沒日沒夜地往前衝著。這不能說是錯事，卻是委屈自己的事，終點明明就在那裡，頒獎臺也不會跑，你可以在自己賽道上，找到自己的對手，演出屬於自己的精彩。

一味地快，並不意味著會贏，你見過哪場長跑賽，選手是從頭衝著到尾的？有時候適當慢下來，也是一種策略——款待自己，儲存精力，放鬆心情。

在賺錢這件事情上，也是如此，大家都要找到正確的行動時機。放輕鬆，你沒有落後，也沒有領先，在命運為你安排的屬於自己的時區裡，一切都準時。哪怕你現在兩手空空也不要著急，麵包總會有的。

錢當然很重要，賺錢也是理所當然的事，畢竟戀愛、吃喝、玩樂都需要自食其力。但賺錢不是勝者為王、敗者為寇的事，每個人的能力、起點和機遇各不相同，賺到的錢也就有多有少。你身家單薄，並不意味著你不如旁人，也不代表你會永遠這麼窮，何必自己製造焦慮呢？一切可以慢慢來。

或許道理誰都懂，但內心的焦灼不容易平息，因為我們太喜歡把目光放在別人身上了。

在網路不發達的時候，我們能參照的物件無非是親戚、朋友，在這個小圈子裡，大家的生活狀態相差無幾，所以帶來的衝擊也有限，我們不會因為同事的薪水漲了一千塊而輾轉反側。但網路打開了我們的視野，順著那根看不見的線，我們看到了國外，也看到了和我們自身職業、家庭、能力截然不同的物件，他們仿佛活得輕鬆而愜意，隨便吃頓飯，便是我們一個月甚至更久的薪資；他們的身家被曝光出來，那個天文數字我們終其一生也賺不到。

這巨大的落差就像鴻溝，也像鏡子，透過它，我們照見了自己的渺小和無能——原來我們活得這麼粗糙啊，為什麼呢？同樣生而為人，我們努力念書、求職，為什麼最後的生活狀況如此不盡如人意？

一旦這種憤懣的情緒產生，自卑感和焦慮感便無處不在，徹底攪亂你的生活。

世界參差，但也沒有我們想像的那麼大。網路是很多焦慮的來源，網友動不動都年薪百萬起步，就像社群媒體上隨時都能看到奢侈品和貴婦，炫得我們兩眼發光，黯然失色，其實都是虛榮心作祟的造假。

我有個朋友在銀行任職，他們銀行推出了一款白金卡，只要存款過三百萬就能辦理，銀行會對持有該卡的客戶提供很多額外福利。

朋友感慨道：「你絕對想不到，持有白金卡的人數其實不多，不到兩百萬人，占零售客戶總額的 2%。」

這是什麼概念呢？三百萬似乎只是一筆小錢，但現實中擁有這筆錢的人很少很少。眾所周知，這家銀行的客戶群體已經是比較有錢的，超出普通人，但他們當中也只有 2% 左右的人持有白金卡。

「不要被別人精心編織的故事騙了，有錢人仍是少數。」

所以你並不糟糕。你擁有一份穩定的工作，薪資不是特別高，但能夠養活自己，省吃儉用的話，偶爾還能買點輕奢品。假如時間允許，也能來一次說走就走的旅行，到了年底，多多少少也有點結餘。

這樣的日子很舒適，你已經做得很好了，在小池塘裡悠然自得，有一方屬於自己的天地。

但如果你嚮往大海，渴望更高品級的生活，那當然可以。

這是個細水長流的過程，一切慢慢來。

沒有六便士，我們也可以抬頭仰望月亮

錢能讓人快樂，但讓人快樂的不只是錢，如果想通這點，很多不必要的煩惱和計較都可以被減免了。

富有富的活法，窮有窮的智慧，前者不必驕矜，後者也不必抑鬱和恐慌。

在錢財上不富有，但並不妨礙他們追求精神世界的豐饒。

錢有多重要呢？

在網路上，有很多類似的提問，有個很多讚數的回答來自一個醫生。

他說，有一次半夜出急診，兩位勞工打扮的人衝進來，其中一位身上沾了血，舉著左手，還帶著酒瓶，裡面泡著半截手指，顯然是手指被什麼機器割斷了。

這其實不算什麼大手術，如果時間來得及，是可以縫接的。所以他並沒有很意外，只是催促兩人：趕快簽字吧，還能接上。

但對方卻遲疑了，支支吾吾地問：「接手指要多少錢？」

他忙著寫病歷，頭也沒抬地報了一個價格，說：「讓護士帶你去繳費。」

對方沒有動，又問：「那如果截掉呢？」

「幾百塊吧。」他這時候有點驚訝了，抬頭看了看那人，對方只猶豫了幾秒鐘，就開口道：「截吧，不要了。」

他實在想不出來，對方在說這句話的時候，是何等心情，又是因為何種緣由。但他能感受到一個成年人在那一刻的壓抑、無奈和崩潰。

僅僅只是幾千塊錢，就輕易剝奪了一個人保留手指完整的權利。

錢又有多麼不重要呢？

有一段時間，我陪朋友住在北京宋莊，那裡被戲稱為畫家村，會集了全中國各地的繪畫愛好者。因為地段偏遠，環境尚好，租金非常便宜，很吸引那些落魄的北漂畫家。

更重要的是，宋莊走出過一個又一個的傳奇，很多年輕畫家在這裡聲名鵲起，憑藉作品大放異彩，從此人生翻天覆地，這讓所有畫家們都覺得，自己會是下一個傳奇。

宋莊不大不小，生活肯定不如城區便利，那些畫家怎麼謀生呢？不，不應該稱呼他們為畫家，很多人連家都沒有。條件好一點的，會租個單層一戶，掛個工作室的名頭，其實除了一張床，什麼都沒有，滿地堆著油彩、畫架和筆；條件差的，連分租房都住不起，拖個行李箱，在朋友家裡借住。

每次看到他們穿著白背心和人字拖滿街晃悠，我都有種恍惚的荒謬感，你很難相信，在燈紅酒綠的大都市裡，還有這樣一群人，啃著麵包饅頭過日子，對物質的欲望幾乎為零。

如果你以為他們是能力不夠或者機遇不好，才生活潦倒，那就大錯特錯了，他們好多人來自名牌大學，長得也好，卻不屑於擠到人群中汲汲營營，一心要鑽進藝術的世界。

在這裡，錢似乎是最不值錢的。

我認識阿丙，就是在宋莊，他畢業於中國美術學院，放棄了高薪工作，跑到這裡來，癡迷於畫畫。他很窮，有時候連顏料也買不起了，就去賣煎餅，在人家畫店旁邊擺個小攤，生意倒好得很。他也不貪心，估算著賺的錢夠買顏料，馬上收攤不做了，繼續哼哧著啃饅頭，一塊錢也不願意多賺。

他生得好看，眉眼沉沉，很有點梁朝偉的味道，不知道招多少女孩喜歡。有驕矜的白富美，有漂亮的女文青，也有情竇初開的大學生，她們巴巴地把真心和錢掏出來，擠進那個小小工作室，為他洗手作羹湯，介紹工作給他，甚至替他買房買車。

他呢，他誰都不愛，再多的物質捧到他跟前，他都不眨一下眼。他說：「我只喜歡畫畫。她們要是願意呢，就得接受我這樣，什麼都沒有，要是不願意呢，那就走人。」

相熟以後，我其實很佩服阿丙，他活得隨性而自在。在旁人眼裡，他物質實在不豐富，但他絲毫不認為自己低人一等，在任何富足的戀人或朋友面前，從無自卑。

我見過他背著畫板，手揣在口袋裡在街上閒晃，有相識的畫廊老闆見了，遠遠地調侃：「阿丙，還有錢吃飯嗎？」他也不惱，嬉笑著應一句：「沒錢了，明天就去擺攤賣煎餅。」

他是窮人，也是某種意義上的富人。

毛姆在小說《月亮和六便士》裡寫：「滿地都是六便士，他卻抬頭看見了月亮。」我想，阿丙就是那樣的人。

便士，是英國的貨幣單位，是普通人庸庸碌碌追逐的對象。月亮則永遠免費，高掛天上，是詩和遠方，是精神滿足。

你要六便士還是要月亮？這似乎是一個永無定論的問題。

忙忙碌碌，為幾兩碎銀奔波，沒什麼不好，但我們也要允許有人安於現狀，在物欲橫流裡停下腳步，自得其樂。

錢能讓人快樂，但讓人快樂的不只是錢，如果想通這點，很多不必要的煩惱和計較都可以被減免了。

我還記得和前任剛認識那時候，他約我看展覽，從博物館出來，遇到老太太提著籃子賣黃桷蘭，他買了一串，戴在我手上，清香裡隱隱約約是愛意。

我拒絕了他，覺得自己不在最好的狀態，連經濟獨立都沒有做到，拿什麼跟人家談戀愛？他很意外，徐徐地勸我：不是只有兩個完美的人才能談戀愛，享受愛情的美好；恰恰相反，是兩個不完美的人湊到一起，因為享受愛情的美好，才變得越來越完美。

這句話讓我印象深刻，後來的許多事情也證明，他是對的。更有甚者，我發覺自己對經濟獨立的焦慮也同樣如此——我以為財富自由了，才能享受生活，買想買的東西，愛想愛的人，在物質富裕裡得到精神的愉悅，但事實上，沒有錢也不該失去快樂的權利。

在財富自由的時候，能隨心所欲行事，來一場說走就走的旅行，買東西不用看價格，這些當然都讓人感覺愉悅。但是經濟窘迫，也並不妨礙我們好好生活，邂逅無數的小確幸。

比如在夏天的傍晚，騎著單車從河邊穿過，看看晚霞；比如養一隻貓，下班後，抱著牠，窩在沙發一動不動；比如去聽音樂會，去看場老電影；比如養些花花草草，按時澆水，守著它們開出小小的花。

富有富的活法，窮有窮的智慧，前者不必驕矜，後者也不必抑鬱和恐慌。

真正讓我們褪去浮躁、享受歲月靜好的，是自給自足的精神世界，不受外界干擾，平和而強大。

我始終記得另一個關於勞工的故事。

有一年我在昆明，閒來無事，沿著不知名的馬路閒逛，走過一個工地。因為是傍晚，勞工們大概吃過飯了，三五聚成堆，有人打牌，有人閒聊，還有人在唱歌。

是的，就像那種小型露天演唱會，他開著手機外放，扯著嗓子，唱得很賣力。我聽了很久，都是《荷塘月色》之類的廣場舞曲，熱情洋溢的伴奏分貝不小，他們也很投入，一曲唱完，聽的人不吝讚美：「唱得真好！我感覺你也可以當明星了！」唱的人飄飄然，毫不客氣地收下讚美，再主動提議：「那我再唱一首？」

這歡笑的工地引得許多人駐足，大家停下腳步，聽一會兒，笑一會兒，被那份單純的快樂所感染。

這樣的案例並不少，在各個社交平臺上，都能看到無數普通人圈地自樂的絢爛：在地鐵站吹口風琴的街頭藝人；自學成才，在公園地上寫毛筆字的老大爺；在業餘時間剪紙，一手窗花剪得出神入化的阿姨；女兒上大學後離婚，獨自開車旅行的家庭主婦……

在錢財上不富有，但並不妨礙他們追求精神世界的豐饒。

一首新歌，一堂瑜伽課，一本精彩的小說，一個抹茶味的甜筒……這些快樂輕巧又自足，像生活中的隱藏彩券，不需要花很多錢購買，它們是來自精神上的饋贈，刮開它，就能看到「月亮」。

沒有六便士，我們也可以抬頭仰望月亮。

別畫大餅給自己了，先和麵吧

他一開始有人脈嗎？沒有。
他有天時地利的機遇嗎？也沒有。但他最後成功了。

你給自己畫的那個餅太大了，
一朝一夕間很難做出來，
最後只能是餓著自己、取悅別人。

別瞧不起那些看似庸碌的事，
它們或許瑣碎不起眼，卻是你萬里青雲路的基石。

我最近在追一個求職類的綜藝節目，有位男嘉賓在螢幕前抱怨，他想找一份月薪八萬以上的工作，朝幾家心儀的公司投了簡歷，但都沒有收到回應。

現場的企業導師很直接，問：「你有沒有想過，也許是你的薪資要求太高了？」

男嘉賓急切地解釋：「這個薪資標準是有依據的。首先，我得考慮房租水電和基本的生活開銷；再者，我調查了整個行業的平均薪資，還問了不少本科系的學長學姐他們目前的收入，我覺得八萬是合理的，沒有超過平均水準。」

企業導師都笑了：「你的學長學姐在剛入職的時候，也是拿不到八萬的，他們現在的薪資達到或超過這個數，是由他們現在的能力決定的，而我們還沒有看到你的能力。」

我當然也不喜歡資本家刻薄的嘴臉，但看到這段時，還是頗有感觸。男嘉賓的求職經歷只怕戳中了很多人的痛點，這份引發共鳴的狼狽背後，其實折射出一個容易被大家忽視的問題——目標沒定好，再努力也白搭。

年輕人都想事業風光，情場得意，為了這個，他們不怕吃苦，咬牙切齒地努力在社會紮根。但理想成真之所以讓人熱淚盈眶，就是因為難以實現。

任何目標的達成都不可能一蹴而就，連王健林談到賺錢致富，也是循序漸進地拆分：「很多年輕人，有自己的目標，比如想做首富是對的，奮鬥的方向是對的，但是最好先定一個小目標，比方說我先賺一個億。」

這話已經夯成了網路段子，雖然有明貶暗褒的炫富嫌疑，但道理是對的。

我們的很多焦慮，就是來源於目標沒有實現，如果作為參照物的同學、親戚、別人家的孩子恰巧又成功了，那份焦慮就會倍增，還會摻雜失敗後的沮喪和自卑。

往往在這個時候，我們免不了自我檢討，懷疑是否自己的能力不足，或是運氣不好，但很少有人會想到是目標出了問題。

在我的家鄉有句俗語，「一口吃不成胖子」，形容那些急於求成、好高騖遠的人，家裡的長輩就常常拿這話來叮囑表哥。

表哥想投身餐飲行業，開一家早餐店。他意氣風發，嚷嚷著要做方圓百里內人氣最高的網紅店，一下子拿了幾百萬的家底。小姨千方百計地攔，勸他先盤個小店面，地段不用多好，十幾萬塊左右就行，賣麵食也好，賣茶飲也可，先試試水溫，他從來沒做過生意，得先把行業裡的內情摸清楚。等營利了，再開分店，或者置換大門面，到時候再想著店面風格。假如出師不利，賠了，這點錢就當學費，也不至於傷筋動骨。

表哥聽不進去，立志要做連鎖品牌，挑了個好地段，砸重金盤了兩層樓，裡裡外外重新裝修，還特別請了知名設計師，其他諸如產品包裝、商標設計等，都是比照著網紅店，花費不小。等到店鋪開張，生意卻意外地冷清，受疫情影響，加上同類型店鋪太多，店裡每日的客流量實在不多。

他苦撐了一陣子，虧空越來越大，不得已草草關了門。創業失敗的表哥很是消沉，總說自己運氣不好，看著其他兄弟姐妹日子過得紅火，既憋屈又眼饞，肉眼可見地焦躁起來。

這就是典型的不會分解目標。對每個立志賺錢的人來說，好的目標應該是那根吊在眼前的紅蘿蔔，努力走兩步，就可以嘗到甜頭，如此才能有興趣繼續走下去。

你走得越遠，那根紅蘿蔔越大，你的動力和耐力也越足，走上十萬八千里也不足為奇。試想一下，你跟那頭驢說：來吧，我會給你吃不完的紅蘿蔔，你就先走起來。你猜牠能堅持多久？

要賺錢，就得先賺小錢，別瞧不起那些看似庸碌的事，它們或許瑣碎不起眼，卻是你萬里青雲路的基石。

有一次，我加班太晚，去校外的小吃街買夜宵，看到一個賣煎餃的攤位，攤主是個非常漂亮的女孩。她漂亮得與周圍的煙火格格不入，素淨的臉，白色的衣，讓人乍見之下生出明珠蒙塵的感覺，惋惜她的處境。

我忍不住和她搭訕，她很爽利地講了自己的故事：就像所有從鄉下到城市的大學生一樣，她也想在學校附近買房，但這需要一大筆錢。她畢業沒多久，工作還算穩定，但日常開銷也不小，所以她自己設定了一個存款目標，規定每年必須存下一筆錢。

「我在公司還算新人，就算調薪，也漲不了很多，跳槽的話，我這點工作經驗肯定不夠，所以我就下了班擺攤。」她很熟練地裝盒、放調味料、打包，熱氣將她蒸得滿頭大汗，但她絲毫不介意，「雖然這個攤子賺不了什麼大錢，但每年算下來，我的存款也達標了，只要再堅持兩三年，我就能付房子的頭期款！」

這個賣煎餃的女孩深深打動了我，她有一種樸實而接地氣的奮鬥觀。就像我認為她能夠憑藉美貌過更好的日子，很多人也覺得自己小有天資，或是礙於身份和學歷，心氣高，目標也高，縱使想要的未能得到手，也絕不願低下身段，做一些力所能及的努力。

後來，我每次路過小吃街，總要買上一份煎餃，和女孩聊上幾句。她慢慢升了職，錢越存越多，又因為「煎餃西施」的名號，被當地美食部落客拍了幾次，有直播公司看中她，請她去做直播主。

她現在已經不擺攤了，也如願以償買了房，有時候我從小吃街路過，還能聽到其他攤主的議論：「哎呀，還是人家運氣好，我女兒也一直想當網紅，折騰了大半年，淨看她買衣服、買化妝品了。」

人人都想要變得更好，但不是每個人都能在現實裡靈活地低頭。

不要看不起努力賺小錢的人，在理想遙不可及的時候，他們靠著一個又一個小目標長途跋涉，成為最終想要成為的人，這是很了不起的。

這些人的先天條件普通，但他的努力不普通，最終創下的成就更是不普通。

我從前也寫小說，認識了一些網路寫手，大家當然都想成為大神，但沒什麼知名度，創作平台的網站也不主動推薦。有人抱怨，寫著寫著就放棄了；有人堅持日更三千字，每天從不請假，雖然沒有任何打賞和訂閱，但也能拿到創作平台的全勤獎，大概幾千塊錢。錢很少，卻給了他動力，他開始日更五千字，這對於兼職寫手來說並不容易，在繁忙的工作和瑣事之外，每天至少要在電腦前坐四五個小時。隨著他日更的字數越來越多，他拿到了平台的更新獎勵，也被網站的編輯看到，偶爾也能登上網站的頭版推薦。

到了這一步，但凡他故事寫得不差，就很接近當大神的夢想了。

他一開始有人脈嗎？沒有。

他有天時地利的機遇嗎？也沒有。但他最後成功了。

他踏實努力，步伐邁得小，但走得穩。對，他就是為了賺錢，老老實實工作，一步一步往前，最後才寫出了名氣，而不是那些退網寫手口中的「有人就是運氣好」「誰讓我不認識編輯，上不了推薦呢」「現在的讀者不行」。

我很佩服他。那些整天喊著要暴富、要成功的人，也許真的很拼，也敢拼，但他給自己畫的那個餅太大了，一朝一夕間很難做出來，最後只能是餓著自己、取悅別人。

別畫大餅給自己了，先和麵吧。

談感情可以，談錢不行

任何良性的關係，都是需要談錢的，比如愛情。

遇到善良正直的人，才會明白你是為愛付出，更多的人，只會覺得你在倒貼。

他們理所當然地享受你的錢，還覺得你傷害了他高貴的自尊心。

別和那些別有用心的人談感情，傷錢。

我在網路上看到一則關於相親的貼文，發文的女孩說，她被家裡安排相親，竟然相到了一個大帥哥，對方情史豐富，雙商兼具，把她哄得眉開眼笑。

網友們勸她留意，這十有八九是個「海王」，她倒也清醒，回覆說：「結婚就別想了，留著談個戀愛唄，畢竟遇到大帥哥的機會也不多。」

女孩斷斷續續更新了後續，他們很快開始交往，約會、吃飯、旅行，這些小情侶的常規套餐都走了一遍，對方始終表現得溫柔體貼，情到深處，也說著「我好愛你」。

就在網友擔心小姐姐被美色沖昏頭時，她發了分手文：兩人旅遊回來，對方帶她見了家長，就在她疑惑他是否真的浪子回頭時，他說工作上遇上麻煩，手頭不方便，希望她借點錢，數目還不小。

她二話不說，立刻把他封鎖了。

「騙我的感情可以，騙我的錢不行。」小姐姐斬釘截鐵地總結，賺錢很難，她不想為不值得的人花錢。

任何良性的關係，都是需要談錢的，比如愛情。

很多女孩子覺得，花錢是一種表達愛意的方式：房租水電，約會埋單，節日禮物，甚至直接借錢，她們試圖通過真金白銀來讓對方感受到自己的真心。

遇到善良正直的人，才會明白你是為愛付出，但這樣的人又怎麼會讓女人一再花錢？更多時候，更多的人，只會覺得你在倒貼。他們理所當然地享受你的錢，還覺得你傷害了他高貴的自尊心。

我每次翻閱民國那段往事，都為盛愛頤感到惋惜。

盛愛頤是上海灘最標準的白富美，有錢，有貌，有家世，誰沒聽過盛七小姐的赫赫大名？但她喜歡的男人卻不太起眼，他叫宋子文，是宋慶齡的弟弟，無論名聲地位，還是經濟實力，當時的宋家都遠遠不如盛家。但盛愛頤不在乎，她愛他，儘管他只是自家聘請的一位英語老師。

她並不吝嗇，除了在工作上幫襯他，當他決定去廣州投奔姐夫孫中山的時候，她還大方地給了他一把金葉子。她說：這個就當我送給你的禮物，又說：我等你回來。

後來的故事大家都知道了，盛愛頤苦等九年，從上海灘第一名媛熬成了大齡剩女；而宋子文在廣州順利步入政壇，當上中央銀行的行長，娶了別人。

宋子文不記得盛愛頤為他花過錢，他只記得盛愛頤不肯跟他私奔去廣州，他覺得自己被羞辱和辜負了。

醒醒吧，不要再為男人花錢了。遇到特定的場合和情景，偶爾為之，或許可以，但也一定要花得有分寸，花得讓雙方都心甘情願，否則就是吃力不討好，最後只落得人財兩空——男人沒了隨時可以再找，錢沒了，再賺可不容易。

有小姐姐可能要說：哎呀，我的就是他的，他的就是我的。

不，只有你的錢才是你的，那是底氣，是後路，是你自己一磚一瓦砌起來的安全感。你可以相信愛情，相信兩情相悅，相信同甘共苦，但不要相信花女人錢的男人。

其實，何止是愛情，當親情或友情摻雜了物質，也會變得不那麼純粹。你會發現，想像中親密如瓜葛糾纏的關係，原來竟如散沙，風吹吹就散了。它抵不過金錢的測驗，哪怕用來測驗的金錢數額並不大，結果也往往超乎你的想像。

有個朋友，深夜打電話給我問說，有個認識多年的同學，突然開口向她借錢，她有些為難。對方借的錢不是小數目，她雖然能拿出來，但多少有些傷筋動骨。況且，她隱隱聽到閒話，這位老同學近年的財務狀況都不理想，她擔心借出去的錢石沉大海。

「要說不借吧，我和她是老同學了，一直也有來往，拒絕了，大家面子上過不去，朋友大概也沒得做了。」她有些苦惱。

「借錢給任何人，都要有收不回來的預設，如果你能接受，那就借。」我提醒她，「說白了，你只要想清楚一件事，那就是這個朋友在你心裡值不值十萬塊。」

她沉默了一會兒，歎氣，然後誠實地說：「其實我不打算借，你說的這些，我都仔細想過，我覺得她在我這裡不值十萬塊。」

她說得難以啟齒，她糾結的點並不在於是否借錢，而是在她心裡有了答案之後，難以面對這個答案——原來在她心裡，友誼竟然這麼不值錢，她為此羞慚和自責，深覺自己是個淺薄的人。

怎麼會是淺薄？並不是所有人都值得我們傾囊相待，我們的錢來之不易，要花在刀刃上，而真正的刀刃，是指那些不計較回報的關係和不分你我的人。

把手頭的錢財看得重，並不是摳門，更不是冷漠，如果經濟狀況允許，誰沒有助人為樂的情懷呢？但對於大部分的普通人而言，賺錢是很難的，我們疲憊地周旋於柴米油鹽，一點點積攢，就像燕子築巢似的，為自己儲備不時之需。

對待這些積蓄，難道不應該慎之又慎？倘若為了莫須有的面子、半生不熟的朋友、有去無回的借條，或是別人口頭的一句仗義，就輕易把它們扔出去，那才是愚不可及吧？既影響了自己的生活品質，也無益於這段關係。

真正可靠的人事，並不需要靠花錢維繫，而你用錢砸出來的關係，也沒有你設想的那樣牢

固和重要。

當你自己落魄時，你會發現，不僅借出去的錢回不來，那些因借錢而維繫的感情也立刻岌岌可危。

在錢這件事情上，我這位朋友向來清醒。

她大學時有陣子追星，非常喜歡某個演員，天天去網站簽到，幫他做數據分析。有一次，那個演員新增了代言，後援會會長發動粉絲花錢去買，說「只要一杯奶茶錢、一頓飯錢，就能夠幫他把銷量刷起來」。

她不為所動，不聽，不買，不花錢，「我為什麼要少喝一杯奶茶、少吃一頓飯？我喜歡他沒錯，但喜歡就要犧牲自己嗎？他賺那麼多錢，還需要我犧牲？」

她剛工作的時候，媽媽就試探著問：「要不我來幫你保管薪水？」她拒絕了，哪怕她以最大的善意來忖度，媽媽是擔心她存不下錢。

她確實花錢大手大腳，但她並不願意把薪資上交，她說：「錢在我自己手上，我就有支配權，我媽需要用錢的時候，我會給；我弟缺錢的時候，我也會借；但我不想把薪水給她，不想讓她誤會對我的錢有支配權。」

你看，自己賺的錢，放在自己手上才有安全感。

越是不可離分的關係，在金錢來往上越是乾淨磊落，親如姐妹的閨蜜，在吃穿玩樂上會自動AA，送禮物也是有來有往；相愛相親的男友，不會單方面向你索取無度，更不會吃軟飯；就連有贍養義務的父母，也都懂得在合理的範圍內享受養老，絕不染指兒女的財政大權。

那些打著愛和喜歡的名義，向我們索要錢的人，你都可以視為無效關係，可以態度鮮明地說不，完全不必考慮所謂的面子和情分。

因為面子和情分是虛無縹緲的，是皇帝的新衣，只有攥在手裡的錢才是可靠的，是實實在在的好處。

好處要留給自己，浪費在亂七八糟的社交上，那是為他人做嫁衣。想想看，你每個月不到三萬的薪資，買個大牌包包或輕奢品，都要心痛很久了，你對自己這麼狠，憑什麼要對外人那麼大方？

一輩子那麼長，我們會遇到很多人，並與之有糾葛，生出許多關係，讓我們為之歡喜、悲傷、絕望或溫暖，但不是所有人都交付真心，亦不是所有關係都牢不可破，有些時候它們可能只是利益帶來的假象。

我們愛錢，絕非貪利；我們重情，卻不要受惑。

遠離所有向你掌心向上的人吧，他們不愛你，眼裡沒有你，只有你的錢。

別和那些別有用心的人談感情，傷錢。

Chapter 4

生活是自己的，不需要演給任何人看

我們無須和別人相比，更無須和別人競爭，
努力把自己擅長的事情做到極致，
便會成為別人無法複製的成功。

如果細數生活中的不快樂，你會發現，很多眼淚都是為旁人而流。

你其實不愛鋼琴，也沒有什麼藝術家的夢，但你不忍打破母親的絮叨和期望，在每週六的下午，開啟冗長而無聊的練琴。

你反感秀恩愛，享受兩個人的世界，但面對男友的質疑和朋友的炫耀，你妥協了，開始跟風在社群媒體裡曬出遊照。

你沒有什麼名牌情結，但身邊的同事個個都拎著香奈兒，你難免會生出比較，擔心被看輕，開始偷偷存錢買包……

就這樣，我們因為旁人，把自己的日子過得彆扭而痛苦。

這些痛苦，衍生出焦慮、自卑和嫉妒，將你拖進情緒的泥潭，無法脫身。認真想想，我們好像很容易陷入這個泥潭——因為過分專注周圍的聲音，所以時不時被外界左右，做出違背本心的選擇和舉動，繼而又懊悔，甚至會為了這種選擇而負重，擔上原本不必要的精神或物質損耗，慢慢被拖倒。

它彷彿一個惡性循環：你越不快樂，越試圖在攀比中尋找優越，一旦失敗，心理落差加大，便會變本加厲地對自己施壓，繼而讓自己更不快樂。

要打破這個迴圈，很難，也很簡單，那就是學會閉著眼過日子。

生活是自己的，不需要演給任何人看。也別把誰當觀眾，對方奉上的讚美也好，詆毀也罷，都應當形同雜訊，只過耳，不過心，如此才得輕鬆。

不要複製別人，會貼上失敗

很多時候，我們被外界的聲音裹挾著，
不知不覺地盲聽、盲信、盲從，
還會誤以為這是自己獨立思考的結果。

我們無須和別人相比，更無須和別人競爭，
努力把自己擅長的事情做到極致，
便會成為別人無法複製的成功。

我最近看到一則貼文，有個網友大吐苦水，不明白自己為什麼做什麼都不行。剛開始，他跟風開版做自媒體，但原創太難了，還得每天更新，況且越來越多的人不愛看長文，改看短影音了。

於是，他轉行做影片，從策劃到拍攝到後期，這個過程比他想像的更瑣碎，一切得從頭開始。為了請演員，資金投入也不小，他備感壓力，最後成績並不理想，他又瞄上了直播帶貨。

他費了許多心思研究，還沒等正式開播，好些直播主連續翻車，直播號被封了一個又一個，徹底絕了他的心思。

他不解地問：「現在的大環境這麼不景氣嗎？」

圍觀的網友們看得又好笑又好氣，調侃他：「你就是那個拖垮大環境的人。」

在這個創業悲劇裡，導致失敗的元素有很多，而這位創業者對自己的定位，顯然出了問題。他挑選好了目標，做每件事，都是立志執行老二哲學——人家直播紅了，他也去做直播；人家選秀出道了，他也去學唱跳。

成功可以複製嗎？當然不是，縱觀那些成功者，分析他們發跡的始末，每例各有不同，那麼學任何一個人其實都沒有意義。

我們要做的，不是模仿別人，而是要認清自己是誰、想要什麼、能做什麼，然後你會發現，解決個人問題的方案需要量身定制，你根本不需要把目光停留在別人身上。

可惜的是，我們往往本末倒置，把大把時間花在「看別人怎麼做」「企圖複製別人」上，卻沒有意識到，瞭解自己才是最重要的。

我的優勢在哪裡，缺點又是什麼？我對什麼感興趣，不喜歡什麼？……很多人對自己缺乏最基本的認識，就貿貿然地想成功，以為要做老二很容易。

因為不瞭解自己，所以總想著複製別人的成功，貼上失敗後，還會為此喪失自信，甚至自我懷疑，自暴自棄。

事實上，這種對成功的誤解並非個例，在我們的成長路上，很難繞開「別人家的孩子」「始終被別人的成功牽著鼻子走」的困擾。

我還記得在讀書時代，凡是選科系、填志願這種時刻，家長和老師都會不自覺地把我們往別人走過的路上推：某某讀了理科，考上了好大學，找到了好工作；某某的專業是會計，現在已經年薪百萬了；某某就留在本地，離家近，家庭讀書兩不誤……

這些話裡的潛臺詞其實都在說——他做得這麼好，你可以照著抄作業。

但真的如此嗎？當然不。別人選理科，順利升學，是因為別人喜歡數理化，從熱愛裡滋生熱情，將其奉為畢生追逐的光，也點燃了自己。而我們明明擅長語文和歷史，被強行拖到這條路上，怎麼可能走得遠？更別提成功了。

我們要做自己擅長的事，才能增加成功的概率，而不是選擇按圖索驥。

所以，瞭解自己就顯得尤為重要，我們實在不必把精力和目光投放到別人身上。

很多時候，我們被外界的聲音裹挾著，不知不覺地盲聽、盲信、盲從，還會誤以為這是自己獨立思考的結果。

我有個讀者就曾經走過這樣的彎路。

她家裡兄弟姊妹多，和她年齡相近的堂姐，從小就是長輩們掛在嘴邊的驕傲。堂姐長得漂亮、學習成績優異、精明能幹，她說，她比誰都清楚堂姐的每個優點，因為那都是她少女時代的緊箍咒。

她不討厭堂姐，只是堂姐太耀眼了，像一簇火炬，而她被長輩耳提面命，像不由自主去撲火的飛蛾。

她討厭的是，在很長一段時間裡，她沒有辦法辨別，這種追光者的角色，到底是自己真的喜歡光，還是周圍的慫恿和暗示讓她喜歡光。

堂姐考過的大學，她跟著考；堂姐選的科系，她跟著選。這似乎成了理所當然的事，家中長輩們都是默認的。而她呢，也從來沒有意識到，在這些影響她一生的抉擇項上，她其實是可以有其他選擇的。

直到畢業，她終於和堂姐分道揚鑣了。她因為畫畫不錯，機緣巧合之下進了漫畫公司當繪師，不用坐辦公室，也不用和很多人打交道，她很滿意，覺得很適合自己內向的性格；而堂姐早早地考上公務員了，在政府單位工作，光鮮而體面。

所有的長輩都開始念叨她，特別是逢年過節，七大姑八大姨湊過來，一個比一個尖銳：「你這工作有什麼出息」、「你看看你堂姐，舒舒服服地坐辦公室，你就不能跟她學學」、「我們也是為你好，你堂姐日子過得多舒坦，我們不希望你辛苦啊」。

其實她的薪資並不比堂姐低，她喜歡自己的工作，但最可怕的是，不知道是因為親戚們的斥責，還是她早就被洗腦了，她每次見到堂姐，都有一種油然而生的自卑——就像失敗者面對成功者的自慚形穢。

「我為什麼會覺得自己失敗呢？難道只有活成堂姐那樣才算成功？」外人這麼想，是因為刻板印象，看到一條成功之路，立刻蜂擁而上，想要複製貼上，而我們在這種刻板印象下耳濡目染，有時候也會被成功誤導，生出「只有像她那樣，我才算成功」的念頭，實則成功有許多種方式，你要找到屬於自己的路。

她花了很長時間才打破這種困擾，甚至亦步亦趨地去考公職了。這當然是一個不輕鬆的過程，每失敗一次，那種自卑感就加深一分，甚至從頭至腳地否定自己：我就是不行。

到最後，她才漸漸意識到，這種外人眼裡的「成功」是毫無價值的。

堂姐性格爽利，做事周到，情商也高，在工作上如魚得水。她呢，哪怕進了體制，依然是那個話不敢多說的社恐，她做得非常不開心，也不明白自己如此費勁考進來的意義，並且她發現長輩們並不會停下洗腦，他們會把她慢熱、笨拙和內向當成失敗，要求她向堂姐看齊，然後一比一地照抄。

這給了她當頭棒喝：如果要不停複製堂姐，才能叫活得成功，那她餘生都將不快樂。那些都是她的缺點，是堂姐的優點，她為什麼要拿自己的缺點去和別人的優點比較？怎麼比得過？明明她的優勢是畫畫，她不能比畫畫嗎？

無論是上學時的教訓還是工作後的經歷，事實都證明，在尚未正確認識自己的情況下，人容易迷失自己，做出錯誤的選擇，在不屬於自己的賽道上浪費精力。

聰明的人在起跑之前，會冷靜地分析自己的需求和目標，專注於自己擅長的領域。

比如我的一個客戶，她是個雪膚花貌的大美人，性格軟軟甜甜，即便放在明星堆裡也很亮眼。她家境不錯，媽媽一心想讓她出道，畢竟女兒那麼漂亮，娛樂圈又有無數的先例，砸點錢捧捧，說不定就能成為下一個流量新星。

她不肯，勸住了蠢蠢欲動的媽媽：她除了好看，什麼都不會，演戲？唱歌？搞笑？她沒有半點藝術細胞，也吃不了苦，更別說忍受行業內各種潛規則，那她憑什麼走紅？相反地，她很會讀書，在學校裡一直是學霸美人，她寧可繼續深造，埋頭做學術研究，錢雖然賺得不多，但至少有個地方讓她拼一拼自己的天分。

媽媽還是不死心：那誰誰誰啊，長得還不如你，也沒有演技，不是很紅嗎？

她說：「我不管她怎麼樣，我走學術研究，將來也會很厲害。」

是的，我們無須和別人相比，更無須和別人競爭，努力把自己擅長的事情做到極致，便會成為別人無法複製的成功。

我們普通人有時候也需要打造一個專屬的人設

創造一個良好的個人形象，並有效維護它，
在工作和生活中都是對自己有利的。

這並不是虛偽，
我們不需要看旁人眼色行事，矯飾自我，
但如果我們本身十分優秀，卻因為那些不經意的疏忽，
在旁人心中只落得三四分的評價或不良印象，
豈不可惜？

我和朋友逛街，遇上了劇組拍攝，現場很是熱鬧，粉絲和路人把商場圍得水泄不通。朋友湊熱鬧似的，也在現場追了一回星，拍了好些照片。

「你認識人家嗎？」我笑著調侃。因為這個朋友是典型的書呆子，常年在實驗室，別說追星，追劇、看電影、聊八卦這些娛樂活動都與她絕緣。

「我還真認識她，雖然叫不上名字。」她有點得意地說，「長得漂亮，特別愛吃，有時候在電視上看到，她總是在吃東西。果然明星就是明星啊，竟然不會變胖，你看她多瘦。」

不得不說，我非常意外。這個名不見經傳的小明星，當然並不貪嘴，但她卻刻意營造吃貨形象，就像戴上了一張討喜的面具，藉此有了知名度。難怪大家都喜歡立人設，比起虛無縹緲的演技或千篇一律的美貌，一個新鮮討喜的人設，的確更深入人心，可以成為觀眾的記憶點。

其實，不僅是藝人，我們普通人有時候也需要打造一個專屬的人設，這當然並不意味著討好誰，只是一種更高明的自我介紹。

我們都知道，不能活在外界的評判裡，但我們確實掙不脫外界的目光，那些人懷著善意或惡意，打量每個看到的片段，憑自我臆斷，為我們蓋棺論定，然後將這種刻板的結論貫穿整個社交過程。

這個時候，人設就顯得尤為重要，它會大幅影響旁人如何對待你。

我第一次意識到人設在日常生活裡的重要，是因為辦公室的同事們。那時候我在學校任教，學校有個研究專案，院長想從辦公室挑兩個老師組隊，選來選去，選中了一個頗有年資的副教授，再搭配我這個精力充沛的年輕老師。

我不是很願意，推薦了辦公室另一個年輕老師。院長連連搖頭，很直白地說：「你們不覺得她做事不可靠嗎？」

辦公室的老師們略一思索，還當真在記憶裡翻出不少片段：期末閱卷，她常常算錯分數；開院務會，她總是遲到；院裡有任務指派的時候，她最先跳出來拒絕……這都是日常工作裡不起眼的時刻，但把這些碎片拼起來，就湊出了一個不可靠的形象。

我立刻為她辯駁：「不，她很能幹的。」

因為年齡相近，我和那位教師比較熟，打交道比較多，所以我非常清楚，她其實是一個負責任、有能力的人。在共事的日子裡，她從來沒有被投訴或抱怨過，手頭的所有專案都準時結案，學生對她的評價也很高，入校兩年就順利評上了講師。

這樣的人，怎麼會不可靠？

辦公室的老師們仿佛被勾起了共鳴，不接受我的辯解，開始一一列舉她不可靠的證明。

我聽著聽著，突然意識到了問題：她明明很能幹，為什麼給大家的印象就是不可靠呢？同事們列舉的事，也的確發生過，怎麼偏偏被大家記住了呢？

我仔細盤點了一番，要說算錯分數，辦公室哪個老師沒有犯過？但只有她每次都懊悔地大喊大叫：「天啊，我又把學生的分數登記錯了，我真是太蠢了。」還有開會遲到，誰喜歡週末來學校開會？大家都遲到，簡直是家常便飯，但只有她每次都在社群發文，自嘲也好，抱怨也好，全部被系學院的長官們看在眼裡。

我有點明白院長對她的評價了，或許她本來很優秀，但她在辦公室的處事風格，勾畫出來的卻是一個不可靠的形象，並且深入人心。

由此可見，創造一個良好的個人形象，並有效維護它，在工作和生活中都是對自己有利的。這並不是虛偽，我們不需要看旁人眼色行事，矯飾自我，但如果我們本身十分優秀，卻因為那些不經意的疏忽，在旁人心中只落得三四分的評價或不良印象，豈不可惜？

我媽媽對此就深有感觸。

在家裡，要說最辛苦、最負責、最能幹的人，她當之無愧，但她很少掛在嘴邊，一來二去，我們幾乎忘了家務事並不是她的責任。相反，媽媽因為愛收拾家裡，時常會清理和丟掉一些雜物，我的面膜、弟弟的耳機線、爸爸的雜物都險些被她丟掉。漸漸地，媽媽被貼上了一個「愛丟東西」的標籤，以至於我們都有些防備了，但凡有什麼重要的東西，必定會跟她反覆叮囑：這個千萬不能丟啊。

有一次，弟弟的護照找不到了，我們第一時間的反應都是：是不是被媽媽當成垃圾丟了？媽媽很生氣，問：「什麼東西不見了都找我，為什麼懷疑我？說不定是你自己弄丟的。」

對啊，我們為什麼會有這種根深蒂固的懷疑呢？那本護照後來找到了，當然不是被媽媽丟了。事實上，我們屢次懷疑被媽媽丟掉的東西，也都逐一證明和她沒有關係。

仔細想想，媽媽其實並不是一個亂丟東西的人，她每次打掃家裡，裡裡外外，分明是辛苦活，但因為她不居功，大家就沒有看到她的付出，而那幾次處理東西不當，卻由於我們吵嚷，被大家深深記住。從此以往，只要提到做家務，媽媽的第一名片不是勤勞，竟是亂丟東西。

最讓人心驚的是，這種負面人設一旦被貼上了，需要費很多精力和時間才能被撕下來，甚至無法撕下來。

想想看，如果在職場，你留給大家的印象是愛占小便宜、喜歡偷懶、愛傳八卦，那麼你所在的團隊但凡出現流言蜚語、丟東西、工作進展延緩等負面事件，你上司的第一反應肯定是想到你，就算與你無關，但他在情感上也認為是你。

社會、職場都比家庭更可怕，因為沒人會去耐心求證，當別人幫你畫了像、定了調性，你很難翻轉這個印象，只能被動承受這個負面印象帶來的不公和委屈。

所以，我鼓勵大家找到屬於自己的人設，展現出正向的自我特質，這份特質並不是造假，而是源於真實的你，卻又在此基礎上有所放大，以此深化別人的記憶點。

這個記憶點就是你的賣點。

大家都是面目平凡的普通人，能找出一些特別之處被人記住，自然有益無害，大大增進你的存在感。

我們學校有一個教學祕書，不是特別好看，學歷也不出色，但我們所有老師都最喜歡她，工作上有任何事，都願意放心交給她。自然而然地，學校有任何推薦、獎項，我們也都第一個想到她。

她給人的感覺就是很能幹——儘管其他教學祕書的學歷和能力也不差，但一遇到事情，大家下意識地還是想到她，因為她表現得無所不能。

比如教室裡的設備壞了，剛有人在工作群組裡說此事，她就第一時間回覆：「我馬上過來修。」她會修嗎？她其實也就是帶著修理師傅過來。然而長此以往，我們都對她有一個非常好的印象：她什麼都能解決。

你看，人設就是這麼具有迷惑性，好的人設，就是能夠為自己迎來更多的機會和便利。

當然，創立人設不能憑空捏造，也絕非迎合，如果是以別人的喜好為基礎，然後來包裝自己，那叫造假。既然為假，遲早有被揭穿的一天，因為人設不符合實際而翻車，這樣的案例實在太多了，我們要找到貼合自身實際的人設。

原來努力不是萬能的

你深深地沮喪了，痛恨自己無能，
把生活過得如此灰頭土臉。

既然努力有用，我為什麼還沒有成功？
那肯定是我的問題吧。

努力不是萬能的，
當我們意識到並接受這一點，反而會釋懷很多。

我最近又重溫了《出路》這部紀錄片，在安靜的深夜，看到結尾處，依然唏噓和感慨。導演花六年時間，同時跟拍了三個孩子，分別是來自甘肅農村的12歲女孩馬百娟、來自湖北的三次重考高考的徐佳，以及來自北京的從藝術學校輟學的袁晗寒。

馬百娟的生活環境最糟糕，家境貧窮，步行去30公里外的地方上學，而所謂的學校也不過是幾間土坯房。但她很樂觀，她在花了3.2人民幣買來的草稿本上寫道：「長大後，我要去北京上大學，然後去打工，每個月賺一千元，幫家裡買麵，因為麵不夠吃，還要挖水井，因為沒水吃。」她每天都要幫著家裡挑水、做飯，做各種家務，再抓住閒暇時間學習，最大的願望就是將來能賺一千塊錢。

可是這個願望沒有實現，她小學畢業就輟學了，因為家裡付不起學費，她只好出去打工，但年齡小，學歷又低，根本沒有工廠要她，她最後默默回到了村裡嫁人，重複著當地其他女孩的命運。

你能說她不努力嗎？她努力了，但沒有結果。

這也是當代很多年輕人為之焦慮的核心：他們不是沒有努力，朝九晚五也好，沒日沒夜也好，他們已經拚盡全力在奔跑，渴望奔向羅馬，但當自己累到筋疲力盡的時候才發現，有人出生就在羅馬。

我相信，如果馬百娟發現，被她當成人生目標並且求而不得的一千塊，只是另一個女孩袁寒隨手散出去的零花錢，她一定會無助、難受、不平，直至崩潰。

她跌跌撞撞地努力了那麼久，但誰說努力就一定有結果呢？

小時候，我們總能聽到家長和老師們說：「你要努力，只有努力才能得到你想要的一切。」從那時候起，我們大概就誤會了，以為努力了就會成功，所以才會在使出渾身解數卻依然換不來結果時，懷疑和否定自己，陷入深深的痛苦。

既然努力有用，我為什麼還沒有成功？那肯定是我的問題吧，我還不夠努力，我資質有限，我註定平庸無能。

不是的，不要過分神話努力這件事。

勤能補拙，努力也能補拙，但不是所有差距都能追趕，有些先天因素造成的不公平，比如天賦、運氣，這些不是努力可以解決的。

在我們自小受到的教育裡，總是說笨鳥先飛，好像哪怕天資不夠，只要比別人更勤奮，最後也不會比別人差。事實真的如此嗎？有人智商高達180，有人智商在100以下徘徊，這樣兩個人同時參加高考，結果不言而喻，個中高低參差，也並非頭懸樑、錐刺股可以彌補。

努力不是萬能的，當我們意識到並接受這一點，反而會釋懷很多。

因為既然結果不由人，千怪萬怪，也怪不到自己身上，而只要我們不將失敗歸因為自身，那很多負面情緒都可以隨之消解。

事實上，在沒有建立這種認知之前，我們競走在各種賽道上是很痛苦的。

在我們的文化裡，除了有「勝者為王，敗者為寇」的一錘定音，更有「人定勝天」的雄心壯志。相比於西方文化只注重結果，我們也會看重過程，所以才會有強調努力的教育傳統——你怎麼知道不能成功呢？你試試嘛，越努力越幸運哦。倘若真的失敗了，外界倒也會安慰你「沒關係，盡力就好」、「努力過了就沒有遺憾」，但你會被安慰到嗎？你只會覺得自卑和洩氣，因為你明明拼盡全力了，這結果說明你不如人啊。

生活中有太多這樣的時刻了：

你從鄉下裡走出來，埋頭做習作、寫考卷，上了大學、找了工作，下班以後回到家，一邊想著這個月的房租或房貸，一邊煩惱女朋友家裡提出的聘金。這時候，打開電視，你的同儕在螢幕裡唱跳，鮮活而生動，臉上絲毫沒有為生活操心的痕跡。

你真的沒有懈怠。就業、買房、買車、結婚，一步步按著當初規劃的藍圖走，累到筋疲力盡。你以為自己過得還算不錯了，可是抬頭一望，原來你還在半山腰，山頂的風景那麼愜意，又那麼遙不可及。

你並沒有嫉妒那些人，因為你知道自己不是那塊料，吃不了那碗飯，但你深深地沮喪了，痛恨自己無能，把生活過得如此灰頭土臉。

我並不是要鼓吹努力無用，它其實是很多普通人通往成功的路，零成本，低門檻，但成效不穩定。我不希望大家過分迷戀努力，帶著滿腔熱情，然後被現實澆得冰冷，進而懷疑自己、傷害自己。

我們要做的，是客觀分析努力的可行性，承認有些因素非人為能撼動，接受不可改變的，改變可以改變的，找到適合自己的最佳領域，減少那些由於努力失利而帶來的負面情緒。

幾年前的一次因緣際會，我資助過一個偏遠山區的學生。因為喜歡跳舞，她執意要走表藝這條路。她很忐忑地來詢問我，擔心我不同意，因為各種名目的表演培訓花費不小。

我看過她跳舞，並不覺得她有資質，但我還是很爽快地答應了，並且忍不住翻出那句老生常談：「那你努力試一試。」

等到招考前夕，她全然變了主意，在電話裡告訴我，她已經決定放棄走表藝這條路。

我好奇地追問緣由，她說：「多參加了幾次集訓才知道，我根本就不行，在那些同學面前，我被秒成了渣渣。我還發現了，培訓老師要麼認識他們，要麼認識他們的老師，原來他們從小就學這個，我真是哪都比不了。」

那一刻，我聽出了這個少女語氣裡的沮喪和絕望，天賦也好，原生家庭也好，這都不是她努力就能解決的問題。

我知道，她其實已經很努力了，在她父母的轉述裡，在零星的影片鏡頭裡，在她自己偶爾的哭訴裡，都藏著很多個日夜的汗水和眼淚。

但是，努力能讓她從一群自小接受藝術薰陶的孩子中脫穎而出嗎？太難了，正因為機率小，所以我們才把那樣的特例叫作奇蹟。

她沒有成為奇蹟，拼勁渾身氣力，最後考試成績還是不盡如人意。好在她很快振作起來，告訴我她想重考，這一次，她要腳踏實地地考師範大學，畢業以後當老師，工作穩定，也能儘早幫家裡，為了供她讀書，父母已是傾盡所有。

她說：「我努力點，畢業以後努力留在大城市，考個學校編制，日子會越過越好的。」

我聽著高興，也很欣慰她能找到方向，開始有效地、循序漸進地努力。

她有沒有追求藝術的資格呢？有，但如果這條賽道上的評分是百分制，她的天賦和家世已經扣掉她一半的分，她再怎麼奔跑，也很難超越其他對手。

或許有人會說：那你再努力點啊！可是別忘了，那些天資卓越的對手也在努力，而且越有天分，他們的努力越有效率，不似普通人負重前行，兩者的差距只會越來越大，彼時你如何自處？

不要再責備自己無能了，接受努力的作用是有限的，然後找到自己有優勢的領域去努力，結果肯定有喜有悲，但請不要拿結果懲罰和苛責自己。

像對待愛人一樣，去對待努力吧。

你要有失戀的預設，不是所有愛情最後都能走進婚姻，所以你也要做好失敗的心理準備，不是每次嘗試和努力都能有回報。

你不能把全部身心都寄託到愛人身上，他隨時會因為父母、經濟、房子而翻臉。

同理可知，你也不能迷信努力的作用，它越不過很多天然的鴻溝。

最重要的是，即便遇人不淑，你也絕不要用對方的錯懲罰自己，正如你不要用失敗來質疑自己一樣。

記得你也曾發誓要做了不起的人

「喪」並不是單純的心情不好，也不是什麼「寶寶心裡苦」，
而是在你原本熱血沸騰，
卻硬生生被冷卻以後，只剩下無力感。

人生海海，每個人都有各自的皎潔和不幸，
在遭遇生活的低谷時，有誰不是在一邊「喪無止境」地抱怨著，
一邊又義無反顧地熱愛生活！

講一件有意思的事。

每年快到畢業季的時候，學校都會安排學生實習，讓他們選擇自由或集中分配的模式，到各個崗位去鍛煉。

我這組有個學生被分到了明星國中，幫國一（七年級）的學生上語文課。她性格活潑，鬼點子也多，很受學生們的喜歡。實習國中的主管職教師看在眼裡，鼓動她參加講課比賽，並且把本年級唯一的參賽名額給她。

誰知道這個學生竟然拒絕了：「我不想參加什麼比賽。」

主管一下子矇了，轉身就打電話給我，大吐苦水：「現在的孩子可有個性了啊，這麼好的事，她為什麼不願意呢？剛畢業要入社會，不得一步步精進自己？這是個鍛煉的好機會啊。」

我趕緊找學生談心，她倒很坦率：「我覺得沒意思，也沒有必要，反正我實習就一個月，時間到就走人。再說了，這種比賽，怎麼可能讓實習生拿獎呢？」

我當然不能強迫她，況且以我對學生們的瞭解，這種喪裡喪氣的論調並不是個例。在很多時候，他們都表現得興味索然，彷彿對什麼都提不起勁，沒有半點「００後」的鮮活。

他們把這種情緒叫喪，整天掛在嘴邊，六分自嘲、四分無奈，漸漸演變成時下的流行文化。

從風靡網路的「葛優癱」（形容癱倒在沙發上）到表情包裡的馬男波傑克，還有《感覺身體被掏空》等神曲，以及喜茶衍生而出的「喪茶」，生活之中，隨處可「喪」。

喪從一種簡單的情緒，分化成網路時代的潮流，其實是當代青年焦慮感的外化形式。

我曾經問過身邊的朋友：「你在什麼時候會覺得喪？」

有朋友說：被打擊的時候。看到別人功成名就，自己再怎麼努力也趕不上，這時候就會心灰意冷，找不到生活熱情。

有朋友說：看不到希望的時候。剛畢業還懷著激情，遇到什麼痛都能忍，跌了一跤又一跤；結了婚以為日子會更好，沒想到婆媳關係、親子關係接踵而至，天天都是雞飛狗跳；熬來熬去，人到中年了，每天睜眼依然有無數難題等著，房租水電、事業危機，還有越走越遠的丈夫。這時候就感到無比累，想不明白這一潭死水般的生活有什麼意義，又有什麼繼續的必要。

還有朋友說：無趣的時候。朝九晚五地上班，在辦公大樓待了一天，擠著捷運公車回家，吃完外賣，玩一會兒手機，上床睡覺前想到明天，內心毫無觸動，因為知道又將是昨天的迴圈。這時候就覺得沒意思了，活著如此無聊，很多人事就更懶得搭理了。

不管是哪種狀態，都說出了當代年輕人的心聲。我們並非生來愛躺平，或者天性愛擺爛，我們對理想的家庭關係、朋友關係、工作關係都有過設想，也滿腔孤勇地嘗試，只是被現實擊得粉碎。

可見，喪並不是單純的心情不好，也不是什麼「寶寶心裡苦」，而是在你原本熱血沸騰，卻硬生生被冷卻以後，只剩下無力感。

喪，就一定是壞事嗎？

在各種社交平臺上，經常可以看到這樣的調侃：「第一批『90後』已經禿了」、「第一批『90後』的胃已經垮了」、「『00後』是廢掉的一代」，一個比一個喪。

「00後」成功接過了「90後」的鍋，成為被調侃和被娛樂的主流群體，紮根在網路的土壤裡，處在青春和成人世界的尷尬地帶，用「喪」來緩解內心的焦慮感。

網路上曾經有一些文章捕捉到了當下年輕人的處境，尤其是努力奮鬥的年輕人。他們大多來自鄉下，發誓要做了不起的人，卻在一腳踏進花花世界以後，發現自己被阻隔在上升通道之外。他們很難留下來，但也不願意再回去，所以滋生出許多喪的情緒。

外界看不到他們的戰戰兢兢，卻失望於他們的萎靡不振，把這種喪當成了頹廢。

其實，喪到極致就是燃，頹喪的表像下，湧動著熱愛生活的心。

某微信公眾號就創造了「喪燃」一詞，用來形容年輕人面對漫長的喪，依然努力地燃燒著，在本來應該感到沮喪的時候，依然堅持拚搏，並爆發出能夠戰勝一切的力量。

喪，並不意味著真的放棄生活，拒絕努力。

我時常想起阿爾貝．卡繆的《薛西弗斯的神話》，他說，人生的處境就是不斷地推石頭上山又滾落，重複地做這件沒有意義的事。可是卡繆又說，人為什麼不能喜歡推石頭這件事呢？我們可以在這個過程中找到樂趣的，以此對抗無所不在的喪。

比如我自己，常年喜歡閱讀、寫作和翻譯，是的，生活中確實有很多令人崩潰的瞬間：比如等待很久才到貨的連身裙穿不進去，養了好幾年的貓突然生病去世，搬到新家才發現裝修出了狀況……

這些都像當頭冷水，足以澆滅任何歡喜和熱情，但看看自己喜歡的書，刷一部好劇或者約朋友出門旅行，都是可以為自己創造快樂的，哪怕短暫，也能將我們從喪裡抽離出來，積攢繼續往前的勇氣。

羅曼．羅蘭說，世上只有一種英雄主義，就是在認清生活真相之後依然熱愛生活。人生啊，就是闗闗難過闗闗過，我們偶爾的喪，只是中途休息，是在努力戰勝那些焦慮和不安，是在清空過去。

那個實習的學生，看起來喪喪的，下班時間到就走，聚會從不參加，學校節慶活動別說準備表演節目了，當天她連人都沒到。誰問她，她都是一句「沒意思啊」，但她也積極準備考試，去偏鄉小學當義師。

還有我朋友，每天都喊著「離職」，社群發文全是吐槽加班，對逛街、旅行、談戀愛都沒什麼興趣，最喜歡窩在家裡不出門，但她也會認真準備晉升核考，把工作做得風生水起。

可能喪也是一個必要的過程，讓生活中的焦慮感慢慢沉澱，最終新的動力會破土而出，變成新生活的嬌嫩萌芽。

所以不必過分苛責自己，也不必用有色眼光去評判旁人，請允許喪的存在，就留出那麼一點時間，躺平也好，擺爛也罷，緩口氣。

人生海海，每個人都有各自的皎潔和不幸，在遭遇生活的低谷時，有誰不是在一邊「喪無止境」地抱怨著，一邊又義無反顧地熱愛生活！

不要害怕那些油然而生的頹廢，它只是對現狀的一種真實折射，誰能時時刻刻保持激情高漲？正視它，疏導它，它會變成你的燃料，燃燒起對生活的熊熊熱愛。

在世之人，一定要更努力地生活，雖然偶爾會哭泣，但要笑得更多，活得更堅強，這就是對所受之愛的報答。

喪與燃的對立相融，就像一枚硬幣的正反面，有喪有燃、有張有弛的人生，才是真實、鮮活和回味無窮的人生。

但願你下次低落的時候，能與那些沮喪、無助、失望或無謂和解，不要因此焦慮，也不用壓抑，將它釋放出來吧，所有壞情緒清零之後，就是新的出發。

從對比中生出憂患也是常態，不要被落差感打敗

我們好像並不知道這些情緒是被允許的。

都是不能見光的小心思呀，
我怎麼能有如此惡毒的想法？
我原來是這樣自私的人，見不得別人好。

沉重的負罪感，再加上技不如人的自卑，
會把每個鮮活的少女折磨得黯然失色。

我最近在追的一部劇，網路上討論得熱火朝天。

故事圍繞三個少女展開，她們的年齡、出身和性格都截然不同，卻在機緣巧合下成為姐妹，攜手共同創業。這期間自然少不了爭吵、淚水和走心，尤其是在美貌聰慧的女主角襯托下，另外兩個女孩顯得普通，黯然失色之餘，難免生出失落。

每每鏡頭轉到女二，她對著女主角自艾自憐，在嫉妒心的促使下，偶爾有些不妥當，彈幕立刻就激動起來：「女二不會黑化吧」、「她能不能有點腦子」、「為什麼她總要跟女主角比啊」……這種沉浸式追劇讓人又好笑又好氣，大家彷彿自動代入了主角立場，理所當然地認為，其他人就應該為主角讓路，連心生比較都是不應該的。

如果把故事切換到現實世界中，誰是主角，誰是配角呢？

我們任何人都只會站在自己的立場生活，脫離了上帝視角，每句話、每個選擇都沒有正確答案，都只聽從內心的喜怒哀樂，又何來不應該、不能呢？

同宿舍的女孩又瘦又美，從頭到腳都是名牌，偏偏人家還是學霸，各種獎學金拿到手軟，你看在眼裡，真的能夠無動於衷？

和你一起進公司的同事，人緣特別好，誰提起都會誇兩句，再難搞的客戶也能被她拿下，三年裡已經升職了兩次，你作為陪襯，內心沒有半點波瀾？

朋友戀愛了，找的男朋友既高又帥，還非常善良溫柔，而你又一次遇到渣男，想不明白自己差在哪裡，怎麼會心平氣和？

這些情緒會在很多個生活片段裡冒出來，滋生出嫉妒、不忿或虛榮，將我們在自我和他人之間反覆拉扯，傷人傷己，而不自知。

它的傷害源於，我們好像並不知道這些情緒是被允許的。

想想看，在我們的成長路上，我們是不是一直被教育要大度、不要斤斤計較，但另一方面，家長又不停地拿「別人家的孩子」來刺激我們。

這意味著外界對我們的期許，是積極向前看，趕超一個又一個優秀者，但是不允許我們在優秀者面前自卑和嫉妒。

所以，考試以幾分之差輸給了同學，我們不能鬧彆扭，要真心實意地表達服氣；晉升考核輸給了同事，我們不能把失落掛在臉上，要滿面笑容地祝賀對方……

你能心平氣和地做到嗎？當然不能。因而在很多類似的場景裡，我們都免不了暗暗嫉妒，沒有辦法做到若無其事，心裡又酸又澀，一連串的質問和臆想冒出來：為什麼不是我？她到底哪裡比我好？

這些念頭就像開水壺裡的泡泡，越來越大，而你還想拚命蓋住它。

都是不能見光的小心思呀，我怎麼能有如此惡毒的想法？我原來是這樣自私的人，見不得別人好。

沉重的負罪感，再加上技不如人的自卑，會把每個鮮活的少女折磨得黯然失色。

事實上，很多痛苦和煩惱都源於我們不敢坦承自己的小心思，無法與自己的嫉妒和解。嫉妒像一面鏡子，照見別人的優秀和自己的陰暗，你一眼也不敢多看，忙不迭地想要掩飾它、打碎它，為此你費了許多勁，把自己折騰得越來越狼狽。

要想活得不那麼彆扭，我們可以試著直面嫉妒，重新認識這種被定義成負面的情緒。

前陣子，我們的一位同事被家裡安排去相親，誰知道紅鸞星動，竟然撿著了一位非常優秀的丈夫。對方家境好，工作體面，父母也都是本地公務員，比較明事理，一早就放話了，聘禮會給，房和車也會加女方名字。

我的同事性格溫柔，但相貌平平，還有個未成年的弟弟，是辦公室有名的「樊勝美」（編按：陸劇《歡樂頌》主角之一，家境清貧，家長重男輕女），這次結婚，簡直是打了個漂亮的翻身仗。

婚訊傳開後，不知惹來多少議論：「人家那麼好的條件，憑什麼挑中她？怕是有點什麼貓膩哦」、「要我說啊，結婚還得門當戶對，她嫁過去，肯定得受婆婆的氣」、「我看那男的不可靠，她這種性格可拿捏不住」……

同事脾氣好，也不計較，最過分的時候，隔壁辦公室的老師甚至當面奚落她：「他那麼有錢，長得又高，怎麼這麼大年紀還沒結婚？這也太不正常了，該不會有什麼毛病吧？」

「有沒有毛病不清楚，」她的主管沒忍住，當面回了一句，「有人酸了倒是很明顯。」

我們啞然失笑。可不是？多簡單的事，不過是看到同齡人嫁得好，心裡嫉妒罷了，何必彎彎繞繞地含沙射影，既丟了姿態，也依然被人家看穿，還不如直接把那份嫉妒說出口。

辦公室好幾個未婚女性，一聽到這個消息，都直呼「太羨慕你了」、「我怎麼沒有這樣的好運氣」、「這樣的相親什麼時候能輪到我」。話說得俏皮可愛，其實也是嫉妒，畢竟這樣好的結婚物件，誰不心動呢？心動到恨不能取而代之，但大方地把話說出來，遠勝於陰陽怪氣。

前者讓你痛快抒發了內心情緒，表達自己類似的訴求，還能博得旁人的安慰和幫助；後者只是在自我折磨，一面要假裝不在意，一面要提防暴露內心真實想法，另一面還要擠出微笑祝福，累不累？

我們一路向前，會不停地遇到優秀者，或是能力出色，或是背景驚人，或是運氣爆棚，總之，他們身上會有某點讓我們垂涎，甚至自歎不如。我們為之低落，然後抱怨，也可能日漸疏遠，等意識到自己做出這些行徑時，還會羞愧和自鄙。

這個中滋味並不好。嫉妒就像一顆檸檬，它會隨機掉落在每個人頭上，你不必遮掩，如果冷不防嘗到酸澀，嚥得下就嚥，嚥不下就吐出來，沒人會笑話。咬牙切齒地吞下去，既酸了自己，又瞞不過別人。

其實，除了酸澀，你也可以從檸檬裡得到維他命C，就像你能從嫉妒裡獲得動力。

我曾經採訪過一位網文作家，她被粉絲們奉為大神，但凡新書面世，賣得都不錯，業內戲稱她為言情小天后。

她從小到大都讀理工科，畢業後做了工程師，任誰都不會想到，她有一天會憑藉寫文一炮而紅。

在被問到為什麼會開始寫小說時，她笑了笑，既有點赧然，又很坦誠：「我們班上有個同學寫小說，每月賺得不少，有一陣子，她的小說還被拍成網劇，大家都說她一夜暴富了。我當時就酸了，這也太讓人羨慕了吧，我每天要死要活地加班，還不如她寫本小說。」

化身檸檬精的她，越想越覺得心動：為什麼她就能輕輕鬆鬆地財富自由，我差在哪裡？不，我不差，我也要試試。

她主動找到那個同學，表示自己很羨慕寫作職業，想要嘗試一下。對方介紹了可信賴的網站和編輯給她，她二話不說就開始了。在繁忙的工作之餘，每天擠出時間來更新五六千字，這不是什麼輕鬆活，但只要想到那個光鮮亮麗的女同學，她就有了動力。

她也想成為像對方那樣的人，這份好勝心就像一根紅蘿蔔，吊在她面前，拉著她一步一步往前走，最終讓她如願以償。

人生處處充滿參照物，對比無法避免，從對比中生出憂與患也是常態。不要被落差感打敗，也不要為此自卑，當命運給了你一顆檸檬，你要直面它，說出你的酸苦，表達你的訴求，下一次它也許就分配你甜果子了。

我只想把喜怒悲歡都用在值得的人身上

為什麼要跟我講大道理？
在你心裡，我是連這些都不懂的人？

不用理會這些人，因為他們根本不愛你，
你何必浪費感情在他們身上？

遠離那些在你崩潰時講大道理的人吧。
我只想把喜怒悲歡都用在值得的人身上。

因為自己閨蜜的男友劈腿，表妹也鬧起了分手。

「人家鬧分手，你怎麼和男友也吵起來了？」我非常不理解，她看起來非常傷心，眼睛哭得又紅又腫，態度堅決，看起來不像鬧著玩。

很快，我弄清了事情的始末：表妹有個好友，和男朋友愛情長跑多年，這期間付出的財力和心血難以計數，好不容易熬到對方事業有成，兩人的感情卻不太穩定，分分合合好幾次。最近，他們大吵一架，又賭氣說了分手，女方還巴巴地等著求和，男方竟然轉身交了新女友。

「那女的我們都認識，也算朋友吧，不是不知道他們的情況，這多少有點乘虛而入了吧。」表妹憤憤地說，「我氣不過，跟男朋友說這件事，罵那男的不要臉，罵那個朋友不仗義，知三當三，結果你知道他說什麼嗎？」對方在她抱怨的時候，一本正經地教育她：你不應該評論別人的感情，客觀來說，他們已經分手了，男方再找新女友也沒錯，那個女生也不算小三。

「我要聽的是這些嗎？我的好朋友遇到這種事，我不能站在她的立場抱怨幾句？」表妹說著說著，又委屈地哭了，「最可氣的不是這些話，而是他的態度！我找他抱怨，是因為他是我男朋友啊！我把他當自己人，他呢，在那裡給我上課，好像我三觀有問題，好像我多麼不懂事，犯了多麼嚴重的錯誤一樣。」

說到最後，她情緒肉眼可見地低迷了：「我有那麼糟糕嗎？」

當然不，但這樣的場景卻常常在我們生活裡上演：有時，我們工作受挫、感情重創、心情低迷，總之，在任何不如意的時刻，都會潛意識地去向身邊人尋求安慰。

我們以吐槽、抱怨、傾訴和哭泣等方式，用近乎不講理的言辭，痛痛快快地宣洩出來。往往這個時候，對方的反應直接影響這場宣洩的結果。他若是認真傾聽，然後附上認同和安慰，那我們的壞心情就此治癒；如果他選擇沉默地傾聽，不置可否，那我們也算是滿足，心中鬱悶消散了大半；但如果他試圖站在客觀公正的立場上，義正詞嚴地糾正我們、教育我們，那無異於火上澆油，只會讓我們的負面情緒越燒越旺。

為什麼要跟我講大道理？在你心裡，我是連這些都不懂的人？

這種不合時宜的教育，彷彿是對我們的一種質疑，也是一種控訴，讓原本就處在糟糕境地裡的我們開始自我懷疑：我做錯了？我竟然是這樣是非不分的人？

噓，別聽這些大道理，也別為此陷入壞情緒，真正愛你的人，根本不會在你傾訴需求的時候，回饋你冷冰冰的大道理。

網路上有一個熱門話題：如果要評選出一份「最令人討厭的溝通方式」榜單，你會怎麼選？

最後結果顯示，「講道理」名列前茅。

在生活中，總有這麼一些人，總愛以教導者自居，無論你遭遇什麼難題，他們不關心你的感受，也不耐煩聽你的訴求，卻能搬出一大堆大道理，逼得你把委屈和想說的話都嚥回去。

不用理會這些人，因為他們根本不愛你，你何必浪費感情在他們身上？

我有一次和朋友們聚餐，席間聊到工作，我順口抱怨了下自己的主管，因為她連著幾天在深夜十二點以後發給我工作訊息，這讓我不勝其煩。

有位男性友人當即出聲：「哎呀，做人格局不能太小，大家都是出來工作的，該忍就得忍。你要往好處想想，主管這是器重你。」

在連續被迫加班的我看來，這話對不對呢？也對，也不對。

對，是因為我知道自己除非離職，否則只能忍氣吞聲；不對，是因為我此刻在飯桌上講這件事，並不是我不懂這個道理，而是為了獲得朋友的安慰。

我這位朋友和我只是泛泛之交，所以他可以講一些正確卻沒有人情味的大道理，公正而冷漠，因為他根本不關心我被迫加班的難受。這樣的人，這樣的話，我當然不會放在心上，因為只會讓自己徒增煩惱。

相比之下，我另一位好友馬上接過話：「這也太過分了！這種主管真是太沒人性了！親愛的你應該截圖存證，哪天想離職了，就去檢舉她。」

你看，人不是一台冷冰冰的機器，面對在乎的人、關心的事，不可能沒有共鳴，也不可能保持冷靜客觀。有些人一遍遍重複著各種大道理，看起來是為你好，實際上是否決了你表達自己情感的需求，也忽略了你的苦痛。

沒有哪種愛是乾巴巴地講道理，哪怕他不懂你的職業，不明白你的憤怒點，更搞不清楚解決辦法，但他只要在乎你，他就會急你之所急，恨你之所恨，跟著你痛罵。

那些隨時都能保持冷靜和理智的人，都是因為無法和你共情，既然如此，我們也不必多給眼神。他們覺得自己說的道理是解決一切問題的關鍵，但事實上，我們不笨，學識也不低，他知道的道理我們未必不懂，我們真的是想尋求意見嗎？

其實，我們只是希望自己的情緒能被最信任的他們看見，希望得到他們的認可、支持和鼓勵。可是那些道理，卻把我們狠狠推開，看似理智，實則只表達著一個意思：我一點都不關心你的情緒，我也不關心你想要什麼，我只想說我想說的話。

我曾經在網路上看到一則心酸的貼文，女網友說，她是在哪一刻意識到丈夫不愛自己的呢？是有一天暴雨，出行不方便，公司發通知集體休假，她興致勃勃地跟丈夫說：「多虧這場暴雨，我也放有薪假了。」丈夫板著臉說：「你怎麼能這麼想？你知道這場暴雨帶來多少問題嗎？」

他從清潔工的辛苦說到整體經濟受影響，但絲毫沒有想到他的妻子之所以這麼開心，是因為平時夾在工作和家庭中間太累了。她真的是一個道德低下的小人嗎？當然不是，是他下意識地避開了妻子的立場，所以感受不到她的竊喜。

遠離那些在你崩潰時講大道理的人吧，也千萬不要用他們口中的道理來束縛或檢討自己，想哭時就哭，想罵時就罵，誰沒有情緒需要宣洩呢？

真正親密的關係，才沒有那麼多道理可講呢，也沒有人會用教條來苛責你：

我知道正確的社交禮儀是不該在深夜打擾，可是我孤獨的時候，就想跟朋友說說話，打個電話給她，不行嗎？

我知道花錢要量入為出，不能大手大腳，可是我想看到爸媽收禮物時開心的樣子，刷一下信用卡，不行嗎？

我知道女性要獨立自主，不要總想著依賴別人，可是我就想跟男友撒撒嬌，讓他幫忙換燈泡、修家電，不行嗎？

道理我都懂啊，所以，別再對我指手畫腳了，我不需要誰在我的生活裡指指點點，我也不想聽無關緊要的人發表意見，因為那些意見不重要。

我只想把喜怒悲歡都用在值得的人身上。

Chapter 5

接受自己的不完美，就是真正的完美

誰都不完美，生而為人，多多少少抱憾，
不要把它當成傷口和恥辱。
你就像因過於芬芳而被天神咬過一口的蘋果。
我們實在不用事事都求盡善盡美，
因為我們註定無法如意，那又何必為自己增設煩惱？

「男人為什麼明明看起來那麼普通，卻可以那麼有自信？」楊笠的一句調侃，讓大眾都認識了「普信男」。他們對自己的外貌、能力，甚至身高都有著盲目自信：頭像是我，不滿意？

網路上嘲諷聲一片，男人的自信到底是哪裡買的，多少錢一斤？

我不想嘲諷，我只有羨慕，如果真的能夠買到那種自信，我很想為所有女孩們下單。

因為女孩子太容易被自卑捆綁了，她們無法接受自己的不完美：為什麼滿分100，我只考到99？為什麼沒有天鵝頸？為什麼我做不到年薪百萬？

這些看似無關痛癢的小瑕疵，卻像一根根紮在女孩心裡的刺，最終讓她們鮮血淋漓。

世上並沒有絕對的完美，理想與現實必然存在落差，而我們往往習慣把這種落差的原因歸咎於自己，以為是自己不夠努力，還要繼續做得更好。於是，在很多明明值得喜悅的時刻，我們反而忙著沮喪、自責和失落，甚至迴避快樂。

「這不值得高興」、「我應該做到更好」、「現在快樂是可恥的」……這些念頭沉甸甸壓下來，讓我們看不到生活中的各種小確幸，也錯失了很多快樂。

作家張德芬曾經說過：「人生歸根結底是一場修行，你我都是在路上的人。不完美，有缺陷，需成長。」

的確，誰都不完美，生而為人，多多少少抱憾，不要把它當成傷口和恥辱。你就像因過於芬芳而被天神咬過一口的蘋果。我們實在不用事事都求盡善盡美，因為我們註定無法如意，那又何必為自己增設煩惱？我們也不用把不如意歸咎給自己，誤以為自己不夠好。

女孩們，臉皮厚一點吧，「普信男」應該是我們的學習榜樣，接受自己的不完美，就是真正的完美。

愛上不完美的自己

幻想光明是沒有用的，
唯一的出路是認識陰影，然後一步步走出陰影。

試著去愛全部的自己吧，
不必急著否定缺陷，
那不是一成不變的疤，它可以痊癒，
也可以是毫無意義的印記。

你很好，依然值得被愛，值得世上所有的美好。

我在網路上看到一個很有意思的貼文，發文者是個少女。她戀愛了，男友非常出色，是即將畢業的學長，家境富裕，帥氣溫柔，簡直就是青春小說裡走出來的校草，現在已經找到了很不錯的工作。

小情侶相處得甜甜蜜蜜，她在幸福之餘，又深感惶惑，忍不住向路人發問求證：「他怎麼會看上我啊？」

她羅列了自己的條件：父母只是小職員，自己身高、體重和相貌都沒有過人之處，也不是什麼學霸，更沒有什麼拿得出手的特長，真要說優點，也就性格比較好，樂觀開朗。就這樣一個女孩，實在是普通得不能再普通，她說「丟進人群裡就找不到了」，竟然會被大帥哥喜歡？

為了避免被罵有「凡爾賽」的嫌疑，少女很誠實地說，自己懷疑過男友騙婚；懷疑他是「海王」，玩弄感情；也懷疑過他和朋友打賭，這段關係只是惡作劇……但這些懷疑最終都被一一擊破，對方是真心實意愛著她，這讓她更加驚疑了。

這個貼文把網友逗樂了，有人嫉妒，有人調侃，有人懷疑，有人湊趣，面對各種留言，少女都耐心地回覆。

終於，有人正經八百解答了她的困惑：你覺得自己很普通，但你能和他考進一個學校讀書，至少說明你很聰明，學習也勤奮，這不是優點嗎？還有，你說自己也就性格好，這不夠嗎？他也許就愛你的開朗呢？留言裡有很多不好的評論，我看你沒有生氣，還一個個解釋，也不是每個人都能做到的。少女，你不能只盯著自己的缺點，誰沒有缺點呢？

這條回文很快被頂成了最多人按讚。

在這個少女身上，我們彷彿能看到自己的影子：盯著身上的缺陷，無法接納，無法和解，即便遇到再好的人和再好的機遇，我們也如在夢中，時時缺少安全感。

他怎麼會愛我呢？這種好事怎麼會落到我身上呢？我配嗎？為什麼不配？人無完人，誰身上都有不好的地方，就像被太陽照耀的向日葵的另一面。無論是在愛情、事業裡，還是在家庭、生活中，我們都是立體的，有無數個面，沒有人能確保每個面都光鮮體面，正是那些好的、不好的，才成就了形形色色的獨特個體。

我們要愛自己的優點，也要正視自己的缺點。

我記得很早以前看過一部小說，忘了名字，女配角是樣樣出色的白富美，和女主角也情同姐妹，只因為女主偶然一次大放光彩，在男主面前出盡風頭，她內心免不了嫉妒。但她向來自認良善，無法接受自己竟然有如此陰暗的心思，看到女主和男主越走越近，一邊憤恨，一邊又為這種憤恨而愧疚，最後生生把自己折磨到抑鬱。

其實，嫉妒不是人之常情嗎？何必因為這種負面情緒而自我厭惡？處在陰溝，望見高樓錦繡，怎麼可能無動於衷？當我們遇到比自己更優秀的人，見識到比周遭更迷人的風景，生出攀比和嫉妒，是再自然不過的事情。

只要將這種嫉妒控制在合理的範圍，它反而會成為你繼續前進的動力。因為，有了不完美，我們才會追求完美。

我認識一個非常勵志的女孩，她父母都是聾啞人，在她出生後，母親就常年臥床，家裡只能靠父親打零工來賺些微薄的收入。她由外婆帶大，據她說，她開口講第一個字的時候，全家人都哭了，因為他們太害怕她也是聾啞人。

好在命運眷顧了她，她不僅能說話，還特別聰明伶俐，從小到大都是班上的模範生。所以，儘管家裡一貧如洗，但還是決定傾盡全力供她讀書。她考上大學的時候，父親也病倒了，外婆也年邁得走不動路，她帶著三位家長入學，一邊讀書，一邊照顧他們。

很多媒體都去採訪她，關心她的生活。那時候，我也是採訪者之一，在她簡陋的租房裡，我們聊到未來，我問了她一個很現實的問題：將來你交友，或者談戀愛，對方可能會介意你的家庭狀況，你想過這些嗎？

她當即笑了起來，說：「這是沒有辦法的事，我的家庭，它很糟糕，但它也是我的一部分，我沒有辦法剝離它。我不能只炫耀自身好的特質，比如聰明，然後去無視糟糕的那些，比如貧窮，這兩者都是我。」

那一刻，現場採訪的人都被她打動了。

越是無法接納自己，越是無法控制自己的情緒，會因偏激而走向不可控。相反，當你能夠心平氣和地看待自己的好與不好，才算真正認識和瞭解自我，在這個基礎上，再去自控和自我完善，才能無限接近你想要的完美。

相比於同學的體面，那個女孩身上有很多不好的地方：貧窮、靦腆、不會打扮，但她從來沒有試圖遮掩或否認，哪怕在採訪鏡頭前，她也依然穿得很簡單，因為那是她當下真實的狀況。她當然也希望自己展露在眾人面前的形象是好的，能夠像同學那樣年輕漂亮，但她沒有為此偽裝或打腫臉充胖子，而是把這當成目標，兼差打工，拿獎學金，腳踏實地地把日子越過越好。

幻想光明是沒有用的，唯一的出路是認識陰影，然後一步步走出陰影。

我們都想向人們展示美好的一面，壓制自己脆弱而醜陋的一面。但是你越想掩飾和壓制，它就越在你不經意的情況下冒出來，讓你防不勝防，擊潰你小心翼翼維護的形象和自尊。

比如，你因為身高而自卑，總覺得一百五十公分的個頭讓你在其他女性面前失色，於是你出門必穿高跟鞋，上班、逛街、出門約會，你的鞋櫃裡全都是高跟鞋，你覺得它們能給你安全感和底氣。

但也許你不曾留意過，在你的腳跟被磨破，你假裝無事的時候；在男友約你去打球，你寧可站在場邊觀戰，不願換鞋的時候；或者在你上班一整天，小腿痠痛，卻還得笑得雲淡風輕，回到家立刻熱水泡腳的時候，你掩飾的身高問題其實早就攤開在眾人面前，誰都能看出來你對身高的介意，你做的掩飾、受的委屈都沒有意義。

試著去愛全部的自己吧，不必急著否定缺陷，那不是一成不變的疤，它可以痊癒，也可以是毫無意義的印記。只有當你遮掩它、討厭它、過分在意它的時候，它才能傷害你，才被賦予了羞辱的意味。

所以，不必過分在意你生命的陰影，更不必因此而否定自己，質疑自己，你很好，儘管有不足，依然值得被愛，值得世上所有的美好。其實當你能夠承認自己的壞，那種由內而外散發的自信與坦然，不知道有多迷人，哪裡還會有人挑剔你的瑕疵？

要知道，有接納不完美的勇氣，才會有接受完美的信心。

善忘是最好的安眠藥

你將浪費掉許多光陰，
連同光陰裡本該有的故事。

他確實給了你很多快樂，
但昨天的快樂安慰不了今天的你，
未來那麼漫長，你會遇到很多人，
他們會帶給你新的快樂。

有一天深夜，大學室友突然打電話來，窘迫而懊惱地問：「親愛的，你還記不記得，大二那年我男朋友來學校看我？」

她停頓了，似乎很有些難以啟齒。我心領神會，毫不客氣地大笑起來，在腦海裡翻出了那段尷尬的記憶。這位室友和男友在不同城市，隔著距離，又是年輕貪鮮的年紀，彼此都沒有安全感，三天兩頭地試探、吵架，再和好。

那次，她和男友冷戰，任憑對方如何道歉，就是不肯接電話。對方無奈，翹了課，連夜坐火車趕到我們學校，在宿舍樓下面堵住了她。她很得意，當著同學好友的面，讓對方下跪認錯，還寫了一張道歉信。

「我腦子當時肯定進水了，怎麼會做出那種事？」她在電話裡哀號，「想到這個，我真的從頭到腳都犯尷尬，今晚是別想睡了。」

「都過去那麼久了，沒關係的，誰年輕時沒做過蠢事？」

我極力安慰她，卻也很懂她的心情，畢竟我們都有過這樣的經歷：在某個不經意的瞬間，某些死去的記憶突然復甦，或傷感或尷尬或溫暖，一下子如潮水翻湧，讓你從當下抽離，陷入舊情緒中無法掙脫。

那些發生過的人和事，它們彷彿都有生命力，隔著時間，依然淒厲地追趕著我們。但是對於每個趕路人來說，每份回憶都是沉甸甸的行囊，負重越多，前路越難走。

只有心寬路才寬，我們其實應該學著健忘。再小的往事，如果放縱它在心頭積壓，也會變成最後一根稻草，壓垮一隻駱駝。

想想看，生活中是不是有很多細小而惱人的記憶？

比如和同事吵架，明明對方理虧，但自己沒有發揮好，被懟得啞口無言。雖然事情過去了，但你每想到一次，就會生氣一次。

比如母親打電話給外地工作的妳，妳聽著她噓寒問暖，從一日三餐說到加班熬夜，心裡泛起感動。但又忘不了她過去偷改妳的志願，當著弟弟的面說妳是外人。

比如你從公司出來，看到有老人在乞討，你心生惻隱，想要掏點錢獻愛心，但又記起上一次捐錢被騙了，那個老頭其實是慣犯，而同事們知道後都笑你偽善。

這些大大小小的事，塞滿了我們的生活，在發生的時候，已經激起過小小的水花，像水面投的石子，讓我們情緒起伏。你以為事過便無痕，但它們頑固地佔據著大腦，每當你想起來，彼時的情緒便會復刻，更是變本加厲。

然而，重複這些情緒是沒有意義的，甚至會嚴重干擾我們當下的生活。所以，我們應該嘗試著定期清理自己的記憶儲存，該刪的刪，該略的略，做一個擅長遺忘的人。畢竟心臟只有那麼大，讓它堆滿了垃圾，還怎麼放進新的快樂和期待？

我向來覺得，善忘是一種豁達的生活智慧，一種灑脫的生活態度。

我在畢業實習的時候認識了盧米，她來自另一所傳媒院校，機緣巧合之下，和我們進了同一個電視臺。

從學校到電視臺，難免要忍受許多落差和委屈，又都是年輕面薄的女孩子，被主持人、後期製作、記者、燈光師，甚至是不知名的場務使喚得團團轉，日子過得耿耿於懷。但盧米和我們不同，她似乎特別沒心沒肺，前一天晚上還被指導老師罵得狗血淋頭，第二天還能嬉皮笑臉地露面，彷彿所有的不快在夜晚都被蒸發了。

有一次，我們跟著老師出外勤，到偏僻的山區，採訪留守老人和兒童。那趟行程並不輕鬆，足足耗了三四天，大家既累又緊張，繃緊了弦，唯恐出岔子。好不容易回到台裡，我們被催著整理素材、做後期，這時候卻傳出了驚天噩耗：我們有段非常重要的採訪影片，竟然忘了收音！大概是當時忙中出錯，忘了檢查受訪人的收音話筒，整段影片差不多等於作廢。

大家已經想不起來當時負責檢查設備的人是誰，但無非是我們這幾個實習生，因為這些雜活向來是我們做的。沒有確切的罪魁禍首，那每個人都是罪魁禍首，指導老師氣得暴跳如雷，當即就把所有實習生召集起來，劈頭蓋臉地罵了一頓，鬧得部門主管也知道了，緊急臨時加塞一場實習培訓。

這事過去沒多久，台裡又出外勤，這次沒有實習生願意跟，除了盧米。她主動跟指導老師申請，摩拳擦掌，好像壓根沒有把上次的事故放心上。大家都追著她問：「你為什麼去啊？要是再出點什麼錯，說不定你連實習證明都拿不到。」

「你們還真是一朝被蛇咬，十年怕草繩啊。」盧米倒反過來勸我們：「那事過了就過了，老想它幹嘛？是，是很丟臉，但是再想也沒有用啊，犯的錯又沒法改，還不如想想如何把下一次外勤做好。」

那些忘不了的，有些是錯誤，不，對你來說更像恥辱，所以讓你放不下。但過去的錯誤無法改變，我們唯有盡力彌補，避免新的錯誤產生，如果你一直糾結於過去，往往會連今天也失去。就像掛在牆上的日曆，每過完一天，得撕去一頁，如果某一頁在你心裡停滯，遲遲不肯翻過去，周遭流動的時間便毫無意義。

你將浪費掉許多光陰，連同光陰裡本該有的故事。

比如那時候的我們，糾結於「丟臉」的失誤，反覆在心裡重播，萬萬不想再有第二次「丟臉」，於是壓根沒有出第二次外勤、第三次外勤，老老實實在臺裡窩到了實習結束，雖然順利拿到實習證明，避免掉錯誤，但也避開了修改錯誤的機會。

還有一些忘不了的是好東西，快樂的日子，愛過的人，沐浴過的星光，不管何種，俱往矣。但正因為美好，所以讓人懷念，試圖伸手挽留。

我的一位朋友，花了很長時間也走不出失戀。她和男友交往了兩三年，對方不管是性格、外貌，還是家世、職業，都很讓她滿意。戀愛期間，男友簡直表現得完美，會主動在節假日送驚喜，會上交手機讓她翻看，會指點她工作上的難題。她覺得自己找到了此生的靈魂伴侶，唯一的問題是，這位靈魂伴侶是不婚主義者，他壓根沒有和她結婚的打算。

為此，兩人鬧了不愉快，她忍痛提分手，又在家人的安排下，開始接觸適婚對象。那些都是很好的人，但她卻痛苦萬分，抱著我們哭訴：「他挺好的，但我真的忘不了以前的事。我們出去吃飯，他問我愛吃什麼，很紳士吧？但前任都是直接點好我愛吃的東西。我過生日，他發給我大紅包，看起來挺上心，但前任會去看我的購物車，準備驚喜。」

我們只好勸她：那個人再好，註定和你沒有關係了。

他確實給了你很多快樂，但昨天的快樂安慰不了今天的你，未來那麼漫長，你會遇到很多人，他們會帶給你新的快樂。

既然過去的不可再來，就該大步往前走，畫地為牢，只能困住自己，將自己變成與現實格格不入的真空人，錯失許多風景和故事。

好也罷，壞也罷，當你身體在床上，遲遲無法入眠，它們會拉扯著你的每一根神經，讓你獨自或喜或悲。你品味著那些陳年舊事，被壓得喘不過氣，卻還甘之如飴。

何必呢，不要記得那麼清楚，失去的無法挽回，錯誤的已經過去，珍貴的早已放手，它們都應該被封存成老相片。誰會天天翻看相簿？還得顧著眼下，樂呵呵地過好今天。

你要有勇氣重啟

重新開始並不容易，也無法保證比從前更好，
但它是一份向死而生的信念，
是一種及時止損的生活態度，是一個留給自己改頭換面的機會。

都說人生沒有回頭路，
但我們是有賽道可以替換的，跑錯了道，走偏了方向，
一定要及時更改，
否則歧路走到底，只會與幸福和快樂越來越遠。

有一個住鄰近的讀者，我們經常約吃飯，來往多了，我便對她的故事很熟稔了。

她大學時交了個男友，來自偏遠小城，父母不太願意，她性格倔，畢業時和家裡鬧翻了，跟隨男友回老家。

「那時候日子是真的苦，只能和室友一起住合租房，沒有窗戶，白天都得開燈。廚房和洗手間都是公用的，大家的東西就那麼堆著，亂七八糟，有時候早晨想上個廁所，都得排很長的隊。」說起那段時光，她眼裡隱隱有淚，「我們沒什麼錢，只能用快煮壺煮麵條，每天下班的時候再買把青菜、兩個雞蛋，他總會把他的那個蛋讓給我。」

和所有共患難的愛情故事一樣，明明他那麼窮，她卻靠著一個又一個荷包蛋撐下來了，那種微末的暖，彷彿是某種愛情的證明，讓她在苦水般的日子裡，熬出自欺欺人的甜。

這樣的細節有很多，她都小心地收藏在記憶裡，一遍遍地翻閱和回味。比如，那時候喜茶（茶飲品牌）剛紅起來，她特別想嘗嘗，但一杯奶茶台幣近百元，夠她買一個星期的青菜了。他就偷偷背著她買，守在她下班的路上，然後，他們在那個簡陋的出租雅房一起喝完了那杯豆乳波波奶蓋茶，她說自己永遠記得它的味道。

「後來呢？」

「後來他在那間出租雅房裡，出軌了三次。」

她說起這些的時候，他們已經搬進新家，是她曾經夢寐以求的兩房房子，他們把省吃儉用攢下來的錢全部用來付房屋頭期款了。

我問她：「為什麼不分手？」

「不甘心啊，我在他身上耗了快十年，吃了那麼多苦，眼看著日子就要好起來，房子有了，車子也有了，我不想把這些拱手讓給別的女人，這些都應該是我的。」

她疲憊，但又執拗，「我對他已經沒有感情了，但我不會分手，難道讓我找一個新的男人，重新再耗上十年？」

我不知道怎麼勸她，但顯而易見，我並不贊成她繼續和這個男人糾纏。是的，剜去十年的心頭肉很難，重新開始很難，然而這些都不及你餘生泥足深陷的萬分之一難。

我非常明白她的恐慌，年過三十，最好的青春已經付諸流水，她寧可將錯就錯，也不願意推翻重來。可是她忘了，把一個錯誤將就下去，得到的永遠只會是錯誤。

這時候，我們就應該果斷地關機重啟。

不僅僅是感情，在漫長的一生裡，我們的生活、事業和人際交往，都很容易出故障，也容易一不小心走上歧路，像年久失修的機器，又像樹大分枝的植物，很多關係會慢慢變質，脫離原本的初衷。

有時候，這種變化是顯性的，你早早察覺了，第一時間做出抉擇和取捨；有時候，這種變化是悄無聲息的，等你後知後覺地發現，已錯失最佳時機，只好搖擺不定，左右為難。

道理每個人都懂，個中後果也不是不明白，但不是每個人都有勇氣改變。

曾經有條引發熱議的網路新聞：一位年過半百的媽媽，在女兒成家後，果斷提出離婚，在眾人的不解中，學開車，考駕照，然後獨自周遊全國。

她的婚姻並非不幸福，但她走完大半輩子才發現，那不是她想要的生活。過去，她像所有已婚女性那樣，忙著上班，忙著照顧孩子，忙著打點家務，日子過得平淡，卻也不乏溫馨，她忙忙碌碌了半輩子，竟也活成了別人眼裡的模範夫妻、成功人士。但女兒的出嫁將她從這種生活中抽離出來，她有了大把時間來整理思緒和與自我對話，她慢慢意識到，她從來沒有率性地為自己活過。

她其實不喜歡圍著鍋碗瓢盆打轉，她從少女時代起，就嚮往著日月山河。

如果換作常人，可能嘆惜一句，然後也就罷了，畢竟半生已過，而且過得還不錯，重新開始沒有必要。但她選擇了重來，拒絕幫女兒帶孩子，也遠離灶台，開著車說走就走，活出與以往截然不同的風采，在採訪鏡頭下，她神采奕奕，臉上的笑容燦爛動人。

重新開始並不容易，也無法保證比從前更好，但它是一份向死而生的信念，是一種及時止損的生活態度，是一個留給自己改頭換面的機會。

很多人因為猶豫、膽怯或不甘，留守在原地，與舊人舊事做無意義的癡纏，害怕新不如故，也唯恐辛苦成一場空。

殊不知，生活沒有正確答案，也沒有提示，不是因為看到了前方好風景才做出改變，而是因為做出了改變才使得前方不同於今日。

大膽點吧，愛情也好，事業也好，當你發覺它帶來的痛苦大過快樂，就不要再留戀，也不要心存幻想，當斷則斷，及時尋找第二春。也不必嫌時機太晚，相比漫長餘生，當下永遠是最好的時機。

我有個朋友，高考填志願時，被爸媽耳提面命地選了會計，畢業後毫無懸念地就業、升職、加班。就在她爸媽得意於自己的先見之明時，她猝不及防地提離職，任誰勸她都沒用：「你都快三十了，要換工作也沒那麼容易」、「你學的就是這個，不做會計，你還能做什麼」、「現在經濟形勢不好，你能不能成熟點」。

那些翻來覆去的話，她聽了很多，還是一意孤行地想要轉行。她私下跟我說：「我壓根不喜歡跟數字打交道，從小到大，我都是喜歡文科。你們別看我薪水挺高的，但我每天都異常痛苦，上班就像上墳，早晨醒來，一想到今天要做的事就覺得沒勁兒，我真的不想以後每天都這麼過。」

在不那麼合適的年紀，在不那麼好的就業環境裡，她還是勇敢地喊停了。現在，她做新媒體編輯，儘管毫無經驗，和科班出身的同行相比也毫無優勢，目前只是做些雜活的小員工，但她很開心。

「雖然現在薪水少了，看起來生活品質也低了，但我過得很開心啊，每天都充滿幹勁，在學習新的東西。就算以後證明，我其實做不了這行，也沒什麼好後悔的，因為我是真的不願意當會計。」

和她相反的，是我的同事兼好友，她是典型的文科生，讀師範學院，考了教師資格證，順理成章地進學校當老師。但她不只一次地抱怨過，她一點也不喜歡教書，「講來講去都是那些東西，做研究壓力又大」，她性格活潑外向，長相甜美，一直有個當網紅直播主的夢。

抱怨歸抱怨，她一直沒有離職，據她自己說，剛開始是家裡逼著她考進學校的，她不敢和父母正面衝突；後來自己搬出來住，經濟也獨立了，又趕上疫情，不敢貿然換工作，覺得還是學校穩定；這兩年，直播行業漸漸不景氣，她又開始擔心得不償失，怕丟了鐵飯碗，換不來想要的春風得意。

就這樣，她從實習生，到助教，再到講師，已經在學校裡耗了七八年。每一年、每一天她都在啞巴吃黃蓮，頂著外人豔羨的目光，做著不喜歡的事，講著不喜歡的課。她越來越像祥林嫂（編按：魯迅小說《祝福》裡的人物），逢人就要大吐苦水，但聽的人已經無動於衷了——她已經做出選擇，既然沒有斷腕的勇氣，就要承受優柔寡斷的痛苦。

她會一直這麼抱怨和痛苦下去，而且時間拖得越久，她越沒有勇氣離開，這份痛苦也越深。

都說人生沒有回頭路，但我們是有賽道可以轉換的，跑錯了道，走偏了方向，一定要及時更改，否則歧路走到底，只會與幸福和快樂越來越遠。

絕對意義上的完美是不存在的

你不能既要紅玫瑰，又要白玫瑰。

這種基於得隴望蜀的「試錯」，
其實都是在浪費時間。

你看不到自己的既得利益，只貪圖得不到的，
那永遠無法滿足，也永遠活得焦慮，
因為沒有任何人和事能夠面面俱到，滿足你所有需求。

我在抖音上看到一個很有意思的短影音。

一個男生遇到了紅白兩種玫瑰：一個女孩溫柔賢淑，不作不鬧，不計回報地默默付出，任誰都誇她勤快能幹，可惜長得不太漂亮，眉眼清清秀秀，常年穿著碎花裙，再戴上黑框眼鏡，在人群裡毫不起眼；另一個女孩熱烈明豔，大紅唇，波浪卷，美得像燃燒的紅玫瑰，連壞脾氣都刺得人心癢，只是花錢大手大腳，不工作，也不打理家務。

他思來想去選了前者。果然，女友很適合居家過日子，為他洗衣做飯，幫他照顧父母，督促他存錢買房。他覺得很愜意，每天出門的衣服都會被提前熨好，回到家的飯菜很少重複。但他還是後悔了，在同學聚會中看著其他女孩打扮精緻的時候；在她又一次阻止他出門喝酒的時候；在她和菜市場攤販討價還價的時候。

我難道要和這樣一個無趣的人共度終生？他覺得自己選錯了。機緣巧合下，他回到過去，有了重新選擇的機會，這次他選擇了後者。

果然，新女友熱情有趣，會帶他去網紅打卡餐廳，安排旅行行程，帶他出入各種有趣的派對，還會從頭到腳買新衣服給他。當然，她自己也少不了包包和化妝品。他很快活，每一天都過得活色生香。但很快他又後悔了，當她為了房租、水電、信用卡、外賣等任何小事向他要錢時，他開始力不從心，漸漸生出怨懟，她為什麼不能懂事點？她為什麼不能學著做飯洗衣服？

在現實生活中，我們當然沒有重來的機會，但我們或許都有過類似的遺憾：這份工作挺穩定的，薪資也高，要是不那麼累就好了；新租的房子地段好，家電又新又齊全，可惜租金有點高；相親對象學歷高，家境富裕，性格溫柔，只是身高不夠，相貌也過於普通……

你看，誰不想佔盡好處，萬事圓滿呢？既要魚，又要熊掌，什麼都要合心意，那日子才叫過得舒暢。但人生沒有事事圓滿，也不可能事事圓滿，連十二節氣裡都只有小滿一說，可見缺憾才是人生常態。

當我們明白這點，就能避免很多無意義的攀比和不必要的焦慮。

有句俗語叫「甘蔗沒有兩頭甜」，講的也是這個理。啃甘蔗的人圖什麼？當然是貪那點甜。但從來沒有節節甜的甘蔗，頂端乏味，末端清甜，嚼起來是一個漸入佳境的過程，你為了後者，就得忍受前者。

所以，在愛情上，既然你選擇了賢慧，就得接受對應的居家和平淡，何必去跟選擇美貌的人比？焉知他們不後悔？在工作上，既然你選擇了高薪，就得接受對應的壓力和風險，為什麼羨慕選擇清閒的人？那你羨慕他們的薪資嗎？

要知道，好事能占一頭，已經不容易，如果我們只盯著沒有占到的那頭，那當真是自尋煩惱。一方面，人不珍惜已擁有的，會錯失許多快樂，甚至已擁有的也會插翅而飛；另一方面，得不到的永遠在招手，讓你蠢蠢欲動，在期待、失望和焦躁之間來回橫跳，折磨人於無形。

很多人受挫於這種「既要……又要……」的圓滿，自尋煩惱，偏偏還不自知。

我當義師的時候，認識一個可愛的女孩，她從畢業就開始考教職，終於在失敗好幾次後，成功考上了山區特崗教師。

我問她：「別的大學生都想去大城市，你怎麼跑到山村來了呢？」

她當時笑得很開心，把自己考教職的故事講了又講，說：「我就想找個安穩的工作。別人都說北漂好，但北漂壓力多大啊！我當老師就輕鬆多了，不用加班，還有寒暑假呢。」

這話也有道理，儘管各人想法不同，但看到她似乎很喜歡現狀，我們又覺得還不錯，畢竟是她自己的選擇。然而，在我義師結束的第二年，這個女孩突然聯繫我，希望我能幫她留意合適的工作機會，她已經遞了離職信，決定北漂闖蕩。

我非常驚訝，不明白發生了什麼事，竟然能讓她放棄辛苦得來的教師職務。她很坦誠地說：「這工作什麼都好，就是薪水太低了，畢業三四年，以前的同學差不多都買房買車了，只有我沒存下什麼錢，我心裡挺不是滋味的。」

我委婉地勸她：「你要想清楚了，出來上班薪水確實高一些，但肯定沒有當老師輕鬆，還可能隨時被炒魷魚。」

她大概是被社群軟體的炫富文刺激到了，一口咬定不後悔。那時候，補習行業勢頭正猛，我就引薦她去了補習教育機構。她整日和孩子、家長、教學組打交道，忙得不可開交，薪資卻是實打實地翻了好幾倍。

一開始，她還挺滿意，向我感慨終於可以放開手腳花錢了。但漸漸地，她開始後悔和發牢騷：同行競爭大，每個季度都要考核排名，排名直接和下季度的薪資掛鉤，她每天焦慮得睡不著覺；家長事多，不管上下班，永遠都在通訊軟體的群組上轟炸她，只要不及時回覆，下一秒就接到投訴，她感覺自己隨時都能氣出病來。

「我不行，我不做了，我得換個不那麼忙的工作。」她又約我吃飯，把這份工作裡裡外外嫌棄了一遍，然後決定跳槽，「薪水低點也無所謂了。」

真的無所謂嗎？當然不，她找了一家大公司當文職祕書，社群上成天轉發著「你的同齡人正在拋棄你」、「大城市容不下肉身，小城市容不下靈魂」。她清閒卻無聊，看著昔日的同事在北京廝殺，再看看自己每月拿三千塊人民幣混吃等死，心情很難美妙。

這種基於得隴望蜀的「試錯」，其實都是在浪費時間。

你看不到自己的既得利益，只貪圖得不到的，那永遠無法滿足，也永遠活得焦慮，因為沒有任何人和事能夠面面俱到，滿足你所有需求。

你選擇了清閒，就得接受低收入；你選擇了高薪，就得接受加班和忙碌。怎麼能整天想著兩全？怎麼會輕易有兩全？

哪怕是生活中最常見的買東西，你選了便宜的商品，那它的品質註定稍稍遜色，但它滿足了你省錢的目的呀，你應該享受這個價格帶來的快樂，同時接受它品質平平的事實。

如果你選擇了昂貴的商品，那它註定要掏空你的錢包，但它經久耐用又體面，你應該享受這個品質帶來的快樂，心甘情願為此埋單。

絕對意義上的完美是不存在的，即便有，一件價格低廉、品質上乘的物件，真被你稱心如意地買回家了，你敢保證自己沒有別的挑剔之處？或許你又會嫌棄它並非名牌。

如此想來，普通人的快樂，大多來自知足常樂，能理解萬物皆不完美，也能接受人生總有缺憾。我們愛過的每個人，走過的每條路，一定都有可取之處，也都有不足，要尊重自己的選擇，並且接受選擇帶來的兩面。

無論學習、愛情還是生活，都要切記甘蔗沒有兩頭甜，你越想求全責備，結果越是背道而馳。你期待著把所有想要的都抓住，結果可能是什麼都抓不住，連已有的，也因為你不曾看在眼裡，不曾珍惜，而悄悄從你手中流失。

不要眼饞別人的選擇和生活，細細咀嚼自己的日子吧，既有那些不如意，也有許多歡喜。

平生如甘蔗首尾，嚼過無味，便是甜。

要始終相信迷霧之後會有光

有時候，我們是陷在困境裡的人，
被負面情緒包裹著，
低落、無助，但不要絕望，
要始終相信迷霧之後會有光。

有時候，需要我們做那個伸出援手的人，
路過旁人的苦難，你同情，共鳴，
也請不要袖手旁觀，
畢竟你的微薄之力，是旁人畢生的暖。

睡前無聊，我在小紅書看到一篇令人淚目的筆記。

有個女孩分享了自己的困窘生活，在圖片裡，全家人擠在蝸居裡，巴掌大的地方，塞滿了床、衣服和雜物。她說：「怎麼整理都是亂糟糟的。」很多女孩湧過來評論，安慰她，說要寄東西給她，並講述了自己同樣落魄而難堪的童年。

從這篇貼文劃過、退出，推播頁面是那麼琳琅滿目：「揭祕家居裝潢 Youtuber 的家！360坪新法式裝修」、「擁有一千瓶香水的美妝部落客私藏分享」和「一個美國留學生的變美日記」。

我突然就感覺眼眶裡有淚。

即便是在以精緻、利己、年輕著稱的消費平臺，依然暴露出許多這樣微小而又巨大的缺口：一個個活生生的、貧窮的女孩兒告訴我們，生活遠不止臆想中的花團錦簇，其實也有荊棘遍佈。我們還在為平凡、普通而苦惱，望著斯人若彩虹，而生出身處陰溝的自卑、焦慮和煩惱。

事實上，我們順利地長大，自食其力，明辨黑與白，還能磕磕絆絆地愛與被愛，已經算難得，做得很好很好了。

好到我們應該表揚自己，而不是懷疑和自輕，更不該給自己盲目施壓。因為生活已經很難了，你我已經拚盡全力了。「生而為人，我很抱歉」，這句輕飄飄的臺詞讓無數人共鳴，就是因為它喊出了生活中大大小小、深深淺淺、裡裡外外的難。

誰的人生都很難，不會有什麼簡易模式，也不會開外掛。

我永遠記得網路上熱議過的「衛生棉自由」，很多看起來微不足道的日常，其實是很多女孩遙不可及的奢望。

事情的起因，是有人在賣散裝衛生棉的店鋪下留言，詢問這個東西是否好用。這條留言無意間被一個年輕網友看到，她很震驚地發現，這家店鋪的銷量竟然不錯，這就意味著有很多女性在購買散裝衛生棉。然而它們包裝隨意，是非常不安全的，容易讓女性染上炎症。

網友回覆那條留言，建議她不要貪便宜買這種未符合安全衛生標準的產品，還熱情地推薦了幾個「很平價、CP值不錯」的衛生棉品牌。不久以後，那個提問人回覆了：妹妹，我有難處。

這句「我有難處」讓人心酸。這是一個成年人在被生活逼到走投無路以後，想要扯塊遮羞布，但這塊布千瘡百孔，任誰都看得出窘迫。當然你很體貼，不會嘲笑她，反而生出許多惻隱之心，你不明白為什麼努力生活的人淪落至此，也不確定自己是否將會如此。

就像網友說的，明明自己過得不好，卻也看不得那些人間疾苦，因為你很清楚，那都不是個例。誰都有遭難的時候，虎落平陽，龍困淺灘，無人是幸運兒。

當你看清楚這個事實後，或許，你能在那些暗無天日的時光裡，少一些灰心和怨懟，多一些釋然。因為一旦你發現自己的痛苦不是個例，而是群體的共性，那麼很多負面情緒就會消滅。

不要害怕這種痛苦，熬過去很難，但撕裂的雲層裡會有光瀉下來，生活的瘡痍裡也會有溫暖伴生。

我最近一次遭遇低谷，想來也有兩、三個月了。那時，手頭積壓了許多工作，眼看著離限期越來越近，我連續熬了幾個通宵，白天還要準備學生的畢業論文答辯。當真是越忙越亂，有個學生的論文被查出不合格，取消答辯資格，我只好嘗試幫她申請延期畢業，但對方家長堅持認為花錢能擺平，到學校鬧得雞飛狗跳。

不出所料，那天我被主任約談了，偏偏這時候，爸媽打電話來，又因為一點陳年舊事吵了起來。

下班的時候，已經很晚了，外面飄著雨，我覺得格外疲憊，渾身的力氣好像都被那些瑣事抽走了，累到不想動。我坐在路邊的椅子上，看著雨幕發呆。這時候，有個女孩突然朝我走過來，她撐著傘，不聲不響地在我身邊坐下，然後把傘微微挪了一下。

我突然開始哭，也不說話，眼淚像不要錢似的往下砸。那個女孩沒有問，也沒有打斷我，只是默默坐著不動，始終撐著那把傘。

已經過去很久了，但只要我想起那次崩潰，就會想起那個素不相識的撐傘女孩，再心酸的情緒，也有了淡淡的甜。

生活大概就是這樣，不定沉浮。既然逆境是避免不了的，那麼怨天尤人有何用？就讓我們逆風而上，要相信，總會有善意降臨在你身邊，總會有溫暖不期而至，也總會有一隻手從前方遞過來。

千萬不要因眼前的苦而喪失對生活的信心，有時它會欺騙你，也會在很多不經意的時候治癒你。

前陣子，朋友組了一場文友交流會，地點在南方某個山清水秀的小鎮，這讓不少作者都有興趣，戲謔「學習什麼的不重要，就想單純旅個遊」。

有個相熟的網紅興致勃勃買了票，提前趕往小鎮，當天晚上，她打電話給我，講了一件頗為心酸的事。她說，下車後逛了逛，到了吃飯時間，進鎮上唯一的速食店，是那種十八線小縣城最常見的山寨肯德基，賣些牛排西點，又雜著很多特色小吃。

她點了份招牌套餐，百無聊賴地等著上菜，隔壁桌的兩個男孩吃得很高興，時不時發出驚歎，年紀更小的弟弟更是纏著媽媽問：「我們下次還能來這裡吃嗎？」她悄悄望過去，桌子上只有一份套餐，牛排、蛋糕、薯條和甜點都被推到兩個男孩面前，媽媽幾乎沒有動筷，卻笑得滿足又溫柔：「可以啊，你們誰下次期末考試再拿第一名，媽媽還帶你們來。」

兩個男孩歡呼起來。這時候，服務生上餐了，弟弟也跟著跑過來，舉著手裡的炸雞塊，開心地推薦給她：「姐姐，這個特別好吃哦。」

其實並不怎麼好吃，牛排硬邦邦的，甜點都是凍過的半成品。她嘗了嘗，原本打算直接走人，但看到小男孩笑瞇瞇的臉，心裡說不上是什麼滋味，硬著頭皮把那塊牛排吃完。然後她請服務生把還沒有上的炸雞、可樂和小零食都送到隔壁桌，「我點多了，又不想浪費，正好你喜歡吃，要不你幫幫我？」

兩個孩子都驚喜地瞪大眼睛，媽媽則忙不迭向她道謝。她摸了摸小男孩的頭，去櫃檯埋單的時候，又額外點了些東西給他們。

這家對她來說簡陋得不能再簡陋的店，卻是一個家庭在特殊日子才會享受的奢侈，是一個母親在孩子面前努力支撐的體面，她自嘲：「我不是什麼善良無私的人，卻也想做點舉手之勞，給他們一點溫暖。」

我想，那個平凡的下午，因為她這個不起眼的小舉動，肯定在那一家人的記憶裡變得溫暖而美好。

這就是生活回饋給我們的善意，在偶爾才能吃炸雞的困境裡，也會有路過的陌生人，帶來善意和幫助。哪怕微不足道，卻也能讓人看到希望，支撐我們走過眼下的坎。

都說眾生皆苦，大概吃過苦的人，都曾渴望過甜，所以在自己力所能及的時候，也不吝餵與他人一口糖。

有時候，我們是陷在困境的人，被負面情緒包裹著，低落、無助，但不要絕望，要始終相信迷霧之後會有光；有時候，需要我們做那個伸出援手的人，路過旁人的苦難，你同情，共鳴，也請不要袖手旁觀，畢竟你的微末之力，是旁人畢生的暖。

讓自己舒服才是高情商

任何需要費心費力打點的關係，
都只是利來則聚、利盡則散。

為什麼一定要照顧別人的情面？
冷場又能怎麼樣？當面拒絕有何不可？
面子值多少錢？我們自己的開心不重要嗎？

既然取悅別人太難，那就取悅自己吧。

上班的時候，閨蜜發來一則沒頭沒腦的簡訊：「我真是一個失敗的人。」

她說，每次吃完午飯，辦公室就有同事張羅著點奶茶，讓大家輪流點餐。這是公司的傳統了，輪流請客，倒也不存在誰占誰便宜，主要是圖個熱鬧。但她最近在瘦身，根本不想喝奶茶，每次被問到喝什麼，她都很為難。

我立刻心領神會，這種「奶茶綁架」簡直是職場人的心病：你說不喝了，人家會說「別啊，我請你」，顯得你不願意付錢似的；你說減肥呢，人家就說「也不差這一杯」，還說「你這麼瘦還減？別鬧了」，好像你格格不入；你說生理期不方便，人家就說「點杯熱的不就行了」。

閨蜜深受其害，今天實在沒忍不住，在大家點單的時候公然拒絕：「我真的不喝，你們自己點自己的，不用管我。」

同事們自然各種勸，她都不為所動。對方甚至自作主張買了一杯奶茶給她，為了表明自己絕不再喝奶茶的決心，她死活都沒有碰，等到下班，那杯奶茶被同事鐵青著臉丟進垃圾桶。

「我猜她們肯定在背後說我矯情、不合群、情商低。」她歎氣道，「不知道別人遇到這樣的事怎麼處理，反正我是覺得自己蠢，把辦公室氣氛搞得挺尷尬。」

我笑了笑，反問她：「但是你如願以償了，不用被逼著喝奶茶，爽不爽？」

「爽！」她答得神清氣爽。

「爽就對了，當然要自己舒服，管別人的想法幹什麼？要別人稱心如意，你就得受委屈。」

不知道從什麼時候開始，我們對自己的不滿又多了一項：遲鈍，眼色差，把人際關係處得破洞百出，它縱橫交織如蛛網，而我們莽撞又赤誠，穿梭其中，一次次不得要領。

再看看旁人，游刃有餘地掌控各種交際場，大到人情世故的打點，小到每句話、每聲稱呼，他們應付得得心應手，贏來每個人的喜歡。

誰不羡慕這樣的自如？這份自如的背後，也意味著許多便利，畢竟人都會對討喜的人大行方便。並非人人都有這等本事，在大眾默認和接納了這種行事風格後，那些不擅長交際的人簡直要羞慚到閉門思過：我怎麼這麼笨？我是天生情商低嗎？

情商成了熱門詞，也成了檢驗我們是否優秀的標準之一，滲透進生活的每個角落：身為男朋友，你需要捕捉「我不生氣」表達的真實情緒；身為下屬，你需要解讀「看著辦」暗藏的潛臺詞；身為晚輩，你需要化解「我是為你好」帶來的冷場和尷尬……

我們被各種社交包圍，仿佛置身看不見的棋盤中，走錯一步，牽動全域。所有人都來告訴你，你的言行，決定著每段關係的走向，甚至是成敗。我們惶惑，繼而亦步亦趨地學，學著剖一顆七竅玲瓏心；學著低下身，捧旁人為掌上珍；也學著抹去臉上的喜怒，眉眼都換作春風和煦。

這就像一場曠日持久的粉墨臺上戲，戲中人，彼此不真，只妄圖從虛與委蛇中博兩分惠利。但不是誰都擅長演戲，既累，又假，虛虛實實裡反倒折騰了自己。

我見過所謂情商最高的人是 Emma。那時候我剛入職場，她也是新人，但她處事非常成熟，一來二去，部門的老員工對她印象都不錯，提到她的名字，會不約而同地「哦」一聲，然後稱讚她情商高。

Emma 是個機靈人，每到下班，我們個個都迫不及待地收拾東西，只有她巋然不動，在位置上磨磨蹭蹭，哪怕摸魚也要多待上半小時。她說：「我們新人不用加班，也要製造加班，主要是為了表態，讓老闆知道我們能吃苦，也能讓老員工心理平衡，畢竟他們要累死累活地加班呀。」

Emma 也很會交際，中午大家都會點餐，她每次下樓去取外賣，總是多等上一陣子，盡可能地把同事的外賣都捎帶上來。次數多了，她連大家的口味都記住了，每每聚餐，她總能兼顧所有人的喜好，把菜點得合乎心意。有時候大家忙，她自己點餐的時候，還會順帶幫大家點，有人記得轉帳，有人忘了，她也從來不催，下次繼續點。

可以說，公司沒有人不喜歡 Emma，她的八面玲瓏讓我望塵莫及，在她面前，我覺得自己就像一顆硬邦邦的、渾身是刺的榴槤，一無是處。

有一次，我和 Emma 陪客戶吃飯，席上還有主管，飯吃到中半，主管發話說：「是不是還有菜沒有上？你們再去催催。」我埋頭吃飯，隨口應道：「我剛剛催過了，他們說店裡忙，會稍微慢一點。」

主管乾咳了起來，Emma立刻把我拉出包廂：「我們再去催一下。」我很納悶，就算要再催，也沒必要出動兩個人呀。Emma恨鐵不成鋼地解釋：「你沒看到主管跟客戶有話要說嗎？這只是藉口，他就想支開我們而已。」

我恍然大悟，這時候，她又往櫃檯走，說：「我順便去把賬結了。」

我對Emma簡直歎為觀止，更深覺自己笨拙，同期的新人幾乎都飽受「你們就不能學學Emma」的摧殘。我離職時，和Emma吃離職飯，幽怨地控訴了一番，她很詫異，歎氣道：「什麼高情商，不就是夾著尾巴做人，委屈自己！那些同事真能記住我的好？都是面子上的事，別看大家都對我笑嘻嘻的，我還能指望靠這個升職？只要有利益競爭，他們立刻翻臉，你信不信？」

不得不說，她這話有點出乎我意料，但仔細想想，似乎又在情理之中。

說什麼人脈，又談什麼圈子，任何需要費心費力打點的關係，都只是利來則聚、利盡則散，不必走心，更不必傷筋動骨地折騰自己。

如果讓自己不快樂，就算得到了好人緣又如何？

在老闆那裡留下了勤奮的印象，但代價是犧牲自己的下班時間，釘在辦公桌上，毫無樂趣可言；給同事留下了大方又熱心的印象，但代價是一次次倒貼錢，把自己辛苦賺來的薪水，以毫無意義的方式，花在毫無意義的人身上……而這所有的努力，最後換來輕飄飄的「高情商」。是的，某些時候，這個頭銜能兌換便利，也贏得誇讚，但所有好處加起來抵不過我們為此付出的委屈和隱忍。

既然如此，我們何不「耿直」些？不會看眼色，那就率性而為；不懂潛臺詞，那就憑心而動；不想繞彎，那就想說什麼說什麼。至少我們舒服了。

為什麼一定要照顧別人的情面？冷場又能怎麼樣？當面拒絕有何不可？面子值多少錢？我們自己的開心不重要嗎？

都說現在的「００後」很會整頓職場，遇到不喜歡的人，直接無視；遇到不合理的訴求，更是直接懟過去，完全不考慮對方的情面，也絲毫沒有搞砸氣氛的歉疚。因而很多人嗔怪，現在的年輕小夥子真是情商低、不會做人。

不，事實上，這正是他們的聰明之處，是愛自己的生活智慧，是不用別人的長處為難自己。確實有人天生擅長交際，甚至喜歡交際，但也得允許有人在交際上有些難處——既然取悅別人太難，那就取悅自己吧。

不用再想方設法讓別人舒服了，那不算高情商，那是受委屈。

你不必非要活成玫瑰
不勉強的生活美學，讓你活得理性、通透和灑脫的 33 個故事

作　　者　張其姝
封面設計　吳郁婷
內頁設計　高巧怡
行銷企劃　蕭浩仰、江紫涓
行銷統籌　駱漢琦
業務發行　邱紹溢
營運顧問　郭其彬
責任編輯　吳巧亮
總 編 輯　李亞南
出　　版　漫遊者文化事業股份有限公司
地　　址　台北市103大同區重慶北路二段88號2樓之6
電　　話　(02) 2715-2022
傳　　真　(02) 2715-2021
服務信箱　service@azothbooks.com
網路書店　www.azsothbooks.com
臉　　書　www.facebook.com/azothbooks.read

發　　行　大雁出版基地
地　　址　新北市231新店區北新路三段207-3號5樓
電　　話　(02) 8913-1005
訂單傳真　(02) 8913-1056
初版一刷　2025年4月
定　　價　台幣350元

ISBN　978-626-409-081-0

國家圖書館出版品預行編目 (CIP) 資料

你不必非要活成玫瑰：不勉強的生活美學，讓你活得理性、通透和灑脫的 33 個故事 / 張其姝著 .
-- 初版 . -- 臺北市：漫遊者文化事業股份有限公司出版：大雁出版基地發行 , 2025.04
面；　公分
ISBN 978-626-409-081-0(平裝)
1.CST: 人生哲學 2.CST: 自我實現 3.CST: 生活美學
191.9　　114002305